Mangt eg minnes 2

Britt Hagesæter

ISBN 978-82-691074-4-9

Dette er den andre boka om oppveksten min.
her fortel eg om menneske eg møtte, om
kvardagshendingar, om leik, massemedia og
ein del yrke som ikkje lenger eksisterer.

Boka er tileigna ei tid, foreldre, slekt og
sambygdingar i ei bygd som gav ei trygg og
samtidig utfordrande oppvekst, der ein kunne
utforske, oppleve og meistre

Innhald

Takk til Marit Bødker for informativt nettkurs
om sjølpublisering, til Edit Jørgenvik om
informasjon om slekt og familie, til Svein
Børtveit om heftet om striledialekt frå
Leiknes, og til mannen min, Gunnar, for støtte
og oppmuntring.

Meieriet

Denne historia er frå før krigen, og mor
fortalde ho, og ho er vel verd å skrive om.
Bøndene i Dalebygden, på Hopsdal og Mundal
hadde andelsmeieri, og i riktig gamle dagar,
før krigen, kjølte dei ned mjølka med is på
meieriet om sumaren.

Det gjekk ein liten bekk eller elv gjennom
Leiknesdalen. og i utmarka til oldefaren min
låg det ei stemma eller demning av stein der
det så samla seg vatn som fraus til is om
vinteren. Men oldefar var litt vanskeleg å ha
med å gjere, og ville ha alt etter sitt hovud, så
dei andre bøndene vart einige om å laga ei ny
stemme i Tångamarka, nedanfor utmarka til
bestefar. Dei bygde stemmemuren av stein,
som vanleg var, med luke til å opne slik at
vatnet kunne renne fritt når det ikkje var bruk
for å demme det opp til seinare is.

Når vinteren kom, og isen hadde lagt seg tjukk
ovanfor stemma, så vart det kalla inn til
dugnad blant bøndene i andelslaget, for då
skulle dei skjere, frakte og lagre is. Bestefar
og andre som arbeidde borte i vekene, leigde
folk som tok jobben.

Dei skar isen med store handsager, og dei som
ikkje hadde hest og kjerre, måtte sage i den
frosne isen med dei store sagene, og lage
høvelege blokker. Dei brukte spett, donkraft
og spadar for å få blokkene opp på

9

hestekjerrene, og dei som var velsigna med
hest og kjerre eller slede, hadde då det litt
lettare arbeidet å frakta isblokkene ned til
ishuset bak meieriet.
 På vegen for dei forbi Port Arthur, som var
i svingen mellom Tångamarka og Tånjen.
Han fekk namnet sitt ikkje etter ein gard-
brukar, som eg trudde då eg vaks opp, men
fordi dei som arbeidde på vegen ut mot
Mundal og Hopsdal var kome dit då meldinga
om at japanarane hadde teke Port Arthur i den
russisk japanske krigen i 1905. Så vart grinda
heitande Port Arthur.
Hestane fortsette bortover forbi låven på
Tånjen, og svinga ned Tångabrekka, og kom
ned på kaien til ishuset.
Då dei nådde dit, var det nokre menn som tok
imot isblokkene, strødde dei med sagflis og
fekk dei inn i huset, der dei la isblokkene opp i
store kummer , og så brukte dei elektrisitet til å
halde blokkene frosne til det var bruk for dei.
Etter kvart vart kjølinga betre, og mjølka vart
sendt med båten kvar dag, og då vart det mindre
bruk for å kjøle ned mjølka med is.
Då far skulle trykkimpregnere materialane til
det nye huset på Flossvika i 1955, brukte
han desse iskummane som meieriet ikkje
lenger hadde bruk for, til å impregnere
materialar i.

Kaien. Meieriet er den kvite fasaden midt på bildet

Sløyfe i håret

Vi måtte ha sløyfe i håret. Hadde du ikkje det, så var du ikkje ferdig kledd. Om du skulle ut å leike måtte du ha sløyfe, om du skulle på skulen eller butikken: sløyfa måtte på. Du hadde ei til kvardags, og ei til fest, i det minste. Mor hadde fire jenter, og kvar morgon var det å setja sløyfe i håret på dei alle. Så måtte hårdusken sløyfene sat i festast med klemmer, slik at sløyfa sat fast og kunne tole slåball og paradis og klatring, og kva ein elles dreiv på med.

Det var stas når ein fekk samle nok hår i ei lita klype, slik at veslejenta fekk sitt fyrste band i håret. Då var ho fin, og alle skrytte!

Eg var misunneleg på syster mi, for ho fekk raude sløyfer. Med mitt raudbrune hår var det ikkje aktuelt med anna enn kvitt og blått. Eg drøymde om ein annan hårfarge, så eg kunne ha raud sløyfe.

Dei som hadde fletter, hadde som regel ei sløyfe i kvar flette. Fint og praktisk.

Sløyfene var i min barndom raude, blå eller kvite. Dei vart kjøpt i passelege lengder i byen,, hos Kløverhuset, Sundt og andre klesbutikkar.

Så var det over. Sløyfene vart ikkje brukt lenger. Andre hårfasongar som ikkje krov sløyfe kom , eller hårklemmer som heldt håret på plass.

Då eg var 12 år brukte nesten ingen sløyfe, anna enn til fint bruk. Då eg vart enno eldre, vart banda meir og meir brukt berre når ein skulle vera retteleg fin. Slik brukar vaksne kvinner sløyfene i dag.

I dag er sløyfe noko ein har om halsen, eller pyntar håret med til fint. Ein har syttandemaisløyfe og rosa sløyfeaksjonen i oktober.

Elles er ordet teke over av veg- og bygningsbransjen .

Hårsløyfene som ein del av kvardagslivet for jentene vart historie.

**Sløyfe i håret. Ca 1,5 år.
Saman med mor og far**

Ta mandlane

Eg tok mandlane i 5-6 års alderen. Det var gjengs. Hadde du store mandlar, og var ofte forkjøla, som ungar ofte er, så tok du mandlane. Då eg gjorde research til dette, fann eg at det medisinske omgrepet for mandlar var tonsillane, og at dei ligg på begge sider av svelget . Dei er viktige for immun-forsvaret, for å lage kvite blodlekamar, og dei er størst i 3-4 års alderen. I dag fjernar ein tonsillane om immunforsvaret er defekt, eller

om det er tale om forstørra mandlar i årevis,
eller hjå eldre som lid av søvnapne.
Då eg var barn, var det viktig å få tatt
mandlane. Ungane vart friskare då, sa folk.
Men då måtte vi få tilvising frå lækjar til
sjukehuset, og når du vart kalla inn, måtte ein
ta turen til Bergen. Det var den sedvanlege
køyreturen over Kleivdal, gjennom Seim og til
Isdalstø, med mange grindar ein skulle opne
på vegen. Det var ferje til Steinestø, og vidare
med bil gjennom Åsane, Hedlesneset og til
Florida sjukehus. Det var driven av nonner, og
var den gongen rekna som det beste hospitalet,
fordi nonnene tok seg godt av pasientane sine.
(No er det St. Pauls skole i Bergen som ligg
der.)
Far var den som fylgde meg, for mor hadde
hendene fulle med ei ny veslesyster. Eg var
ikkje høg i hatten, då eg tok farvel med far og
vart leidd inn på ein sal med enorm høgde
under taket, og kjempestore vindaugo som eg
trur gjekk nesten frå golv til tak. På innsida
var det jarnsprosser, så det såg ut som i eit
fengsel. Det var 6-8 andre ungar inne på
sovesalen, og eg fekk seng med nattbord som
var mitt. Eg hadde med gnav, kladdebok,
blyant og fargar, og sikkert ei dokke eller ei
biletbok i ranselen, og vi plasserte dei i
nattbordet mitt. Me fekk middag, og eg sat
oppe til det var tid å leggja seg. Det var fleire
som skulle ta mandlane, og ho i nabosenga var

frå Sogn. Eg opplevde henne som sur, men tenkjer som vaksen kor eg ville vore (og sikkert var), langt heimanfrå. Nonnene sløkte lyset, og eg trur dei song ein song på kveldsrunden. Dei var annleis å sjå til, med lange svarte kjolar og underlege hovudplagg, men dei hadde snille augo.

Dagen etter vart eg trilla inn på operasjonssalen, og fekk beskjed om å trekke pusten djupt då eg fekk ei maske på meg, og så vart eg trilla inn på sjukestova og fekk beskjed om å puste. Så hugsar eg ikkje meir før eg vakna opp att. Eg var grueleg tyrst, men fekk ingenting å drikke. Då eg endeleg fekk vatn, gjorde det vondt i halsen. Det vart etter eit par dagar ordentleg mat til meg og, men berre suppe og fiskebollar. Legen kom på visitt ein gong om dagen. Han konstaterte at det grodde i halsen, og at eg kunne få reise heim til fastsett tid.

Eg fekk vere oppe, og fekk bevege meg fritt på sjukesalen, men gangen utanfor var stor og skremmande for seksåringen, så eg held meg på sjukerommet. Der var det leikar og bøker, og me fekk teikna, og eg trur nonnene las eller song for oss.

Dagen eg skulle heim gjekk seint. Dei andre som skulle ut den dagen vart henta, og ein slektning henta jenta frå Sogn. Eg sat att, og måtte eta middag før far endeleg kom. Han hadde gjort unna alle ærend, sjølvsagt, slik at

me kunne reisa direkte heim att. Eg fekk
skjerfet godt opp over munnen, for såret hadde
ikkje grodd, så eg måtte ikkje puste inn kald
luft og få ettersjukdommar. Slike sjukdommar
som kom etterpå, var frykta, og kunne
øydeleggje helsa i lang tid framover. Me
ungane hadde respekt for dei.

Vel heime var det uendeleg godt å sjå att mor
og veslesystrer, finne katten og leikane sine,
og etterkvart sove i si eiga seng. Det heitte seg
at du skulle ikkje gå ut før 14 dagar etter
operasjonen, for at såra skulle vera skikkeleg
grodd, og slik at du ikkje skulle bli smitta og
få ettersjukdommar.

Ho mor sysselsette meg, og det vart mykje
teikning, leiking med dokker, papirdokker og
tørke oppvask . Kanhende det var då eg lærde
å brodere ?

Høner

Då me budde i Lunddalen hadde me høner. Det
var vanleg med attåtnæring like etter krigen, så
dei fleste hadde nokre sauer, ein gris eller
høner, om dei berre hadde eit mål tomt eller to.
Dei sette poteter, fekk tak i bærtre og frukttre,
og dreiv såleis matauk. Dei hadde ofte beiterett
hjå bonden dei kjøpte hustomta av, og av og til
rett på ved frå gardbrukaren sin skog.
Me hadde gris eit par år, og mor hermetiserte
kjøtet for å ta vare på det, og vi hadde

spekeskinke. Eg trur vi selde halve grisen, og, eller bytte han bort mot ein sau. Grisehuset var også opphaldsstad for oss ungane, i dei årstidene når det ikkje var dyr der. Kva mor meinte om det, veit eg ikkje, men grisemøkka var vel turka litt inn når me kraup omkring inni huset!

Men tilbake til hønene. Dei hadde tilhelde i uthuset, som og rømde utedoen og skykkja med ved og hoggestabbe. Du kunne gå inn i hønehuset gjennom skykkja, og det var alltid spanande å gå inn der, til flaksande høner, og hente ut egg. Det var som regel mor som gjorde det, for me var rekna for små, og kunne knuse egga. Men vi var jo med! Dei var ein del av sjølvberginga å ha egg, og det var sett på som ein ressurs at du hadde høner. Alt du slapp å kjøpe, sparde du pengar på, og pengar var mangelvare.

Det var ein glugge som hønene gjekk ut og inn gjennom, og mellom uthuset og steingarden var det ein liten hønsegard, der dei plukka makk, maur og skjelsand. Bak uthuset var det og to. tre rader med bringebær, som eg ofte åt av i sesongen, og elles var det moro å gå mellom radene, gøyme seg, eller fylgje pus på hans vandring etter mus og fugl.

Eg prøvde også å krype etter hønene inn i huset, gjennom gluggen, men vart sitjande fast, og etter ein del vræling vart eg berga av ut mor. Steingardar har fasinert meg frå tidleg alder, og

eg klauv ofte på steingarden ved hønsegarden, og hadde ein konkurranse med meg sjølv om kor lang eg kom. Det var ei gran som stod så forderveleg i vegen, og ofte måtte eg ned av garden for å kome vidare. Det var fortredeleg!
 Onkelen min, som var to år eldre enn eg, var ein roleg og sindig kar. Me leika ofte saman, og ein dag kjem han heseblesande inn til mor:- Ho Britt sit fast på taket over hønegarden! Hønegarden hadde nemleg hønenetting over det heile for å verne tuppene frå hønehauken, ein fiende som lett tynna ut i hønseflokken. Eg kraup då tvers over hønenettingen. Det gjekk fint, og det var moro å sjå hønene ovanfrå, men plutseleg så hang eg fast i nettingen, og eg kom meg ikkje vidare. Så måtte Leif av stad og hente forsterkingar. Ho mor fekk meg på ein eller annan måte ned, men eg møtte som vanleg lita forståing for utforskinga mi. Eg trur ho av og til ynskte seg eit barn som held seg meir på jorda.
Etter nokre år vart hønene borte. Det vart fleire born, meir pengar mellom hendene, og mindre sjølvberging. Vi kjøpte egga hjå andre.

Forfattaren ca. 1, 5 år gamal

Donald

Eg las mykje *Donald Duck* som barn. Mor var interessert i at me skulle ha noko å lesa, så i mange år abonnerte me på bladet, saman med *Norsk Ukeblad* og *Allers*. Eg lærde meg tidleg å lesa, og fann mykje glede av dei ulike sogene og figurane i Donald. Ingen snakka om amerikanisering, og dårleg påverknad frå «over there». Dette var før 1968, før Vietnamkrigen. Marshall-hjelpa var nett

avslutta, amerikanarane hadde hjelpt oss å
vinne over Hitler og nazismen, og var som eit
broderfolk som leidde an i modernitet og
velstand. Donald Duck var stuereint, ei hjelp i
leseopplæringa, og dei mange teikningane
sette fantasien i gang.

I vårt hus måtte vi hjelpe til. Det
var ein sjølvsagt ting, nedervd gjennom
generasjonar, og ei dygd av nødvendigheit i eit
hus med mange born. Det dreia seg om
oppvask, golvvask, barnepass og det å handle
på butikken. Det gjekk litt på omgang, først
mellom nest eldste syster mi og meg, seinare
vart oppgåvene fordelt på fleire. Ein vaska, og
ein tørka oppvask, eller ein forhandla seg fram
til å ta heile vasken, og så ha fri frå neste.
Tysdag var bladdag, og var ein heldig, kunne
ein få blada utlevert måndag ettermiddag, om
dei rette var på jobb. Strateg som eg var,
forhandla eg meg fram til handling måndag
ettermiddag, og tysdag føremiddag, for då
fekk eg blada først. Gjekk ikkje det, og mor
måtte eit nødvendig ærend på butikken, var
forhandlingstaktikken å ta « heile oppvasken»
mot å få lese Donald først. Anne, søster mi; var
tre år yngre, og let seg overtale til det meste. Ja,
det hende at eg tok motsett leid og, forhandla
fram at ho skulle få lese Donald først mot å ta

«heile oppvasken», og så las eg bladet på vegen heim.

Far hadde kjøpt ny sykkel til meg , og eg hadde ein standsmessig liten sykkel, fin til å sykle på og hengje varer på, som langebrød, fisk og mjølkespann. Den dagen Donald kom, tok turen lengre tid. Eg utvikla ein fin teknikk til å skyve sykkelen samtidig som eg las. Litt svingete vart ferda, frå vegside til vegside, men både folk og fe (hest og mjølkevogn), såg eg i så god tid at eg kunne korrigere kursen. Desse dagane var det ikkje tale om å sykle flatstrekkja over Hannisdalsgarden. Nei, eg måtte få med meg Donald og Mikke Mus sine siste bravadar, så eg bauta meg fram oppover vegen medan eg las. Så kunne Anne få bladet etterpå, og tru ho las det først!.

Oppvasken

Å ta oppvasken var ei oppgåve og ei plikt når eg vaks opp, 15-20 år før oppvaskmaskina si tid. Det var eit prov på at du var blitt stor og kunne gjera nytte for deg, og vere ei avlasting for mor i hennar mange gjeremål

Ein vaska opp etter alle måltid, sjølv sagt, men det hende at kveldskoppane stod til dagen etter.

Du starta med å stå på ein stol og tørke knivar, skeier og gaflar, og avanserte så til aluminiumskoppar og seinare krustøy og middagskjørel. Du fekk formaning om å tørke av på alle kantar, og om å vere forsiktig. Kjørel var dyrt, og ein måtte handfare dei varleg! Når du så var den oppgåva verdig, og hadde lært å setje på plass dei ulike typane krustøy, så kom turen til det mest ærefulle: Vaske opp!

Varmt vatn og *Sunlightsåpe* , med passe varmt vatn som vart varma på komfyren og spedd med kaldt til høveleg lunka. Klut, som i dei første åra var filler etter utgåtte klede, og så var det å vaske koppar og kar inni og utanpå. Me brukte ikkje å skylje, men tørka av såpa med handkledet. Det var oppvask etter kvart måltid, dag ut og dag inn: frukost, middag og nons, og av og til etter kveldsmaten. Glansen gjekk snart av det å vere stor og hjelpe til, sjølv om me ikkje måtte ta alle oppvaskar, og så vart det heile ei plikt, eit arbeid som du gjerne bytte bort mot andre, som barnepass eller handling på butikken. Heldigvis var det også skule annankvar dag, og då var det mindre plikter.

Me var ofte to. Den eldste vaska, og den yngste tørka. Det var rangordninga. Det tok si tid, for det var verdsproblem som skulle løysast, og små avstikkarar til både eit og hint, men vart det for mykje og langvarig, vart vi minna om oppgåva av mor. Kjelar var litt kinkige, med sauserestar og skover, men eg skrapa og gneid, og fekk dei som regel reine. Det hende leiken tok over, og ein kopp eller tallerk vart knust. Då vart det stilt på kjøkkenet, og etter ein diskusjon om skuld og delaktigheit, så måtte brøden vedkjennast. Det vart litt kjeft, men ikkje slik at det sit att som vonde minne.

Ei oppvaskstund kunne elles brukast til så mykje. Sangboken var av og til med, og til tonane av *Han er trofast i dag som i går* , gjekk vasken lett og friskt. *Mellom bakkar og berg*, eller *Småsporven gjekk i tunet* var og klassikarar, eller julesongar når sesongen var for det. Trur songgleda var størst for ho som song, men no var jo ingen i familien særleg musikalske...

Andre tider utforska vi kjøkkenskapa, og fann svisker, kokesjokolade eller rosiner. Ein trekte ut skuffene, og stod på dei eller kjøkkenbenken, og fann fram til godsakene i øvste skapet, der dei skulle liggja trygt for inntrengjarar. Ein trong jo litt ekstra føde når ein heldt på. Mor oppdaga det nok, og konfronterte oss, men ikkje slik at vi slutta å klyve. Det var godt og søtt, og søtsaker var sjeldan kost.

Lesehest som eg var, utvikla eg etter kvart ein teknikk til å ha boka i kjøkkenskapet medan eg vaska opp. Ho lente seg mot koppane, og så bladde eg vidare med våte fingrar. Det var ikkje lite bøker eg fekk i meg på den måten! Men oppvasken tok tid. Det greiaste lesestundene med oppvask var når mor søv middag, for då kunne ein arbeide som ein ville og ta den tida ein trong.

Oppvaskmaskina kom i vårt hus ca. 15-20 år etter. Mor kjøpte den for den første lønninga si. Hennar betre halvdel var ikkje begeistra. Det fans jo anna å bruka pengane til! Men då den første maskina tok kvelden 12-15 år etter dette, var det han som kjøpte ny! Tidene forandrar seg…

Næraste nabo

Den lange kvite kroppen med gule og svarte flekkar låg utstrekt på bakken. Litt blod pipla frå eit sår i sida. Det ligna *Tiko Tiko*, pusen min som eg hadde kosa med, køyrt i dokkevogn og slite i halen. Samstundes var det ikkje han.. Eg hadde som vanleg sprunge over steingarden og nesten aka meg ned den bratte bakken for å ta ein prat. Hans, sonen på garden, fekk det travelt med å flytte katteliket, som eg som eigar av det tidlegare kjæledyret, ikkje skulle sjå. Kona hans, Ingeborg, skunda seg å be meg inn for å smake på kaker, og då eg kom ut att, var den døde kattepusen borte, sannsynlegvis kasta i mottinga, der slike kadaver enda.. Eg sakna han ikkje så mykje, for det var enno mange kattar heime, og mor hadde bedt naboen, som hadde gevær om å tynne litt i rekkjene.

Då eg budde på Leiknes, hadde vi naboar. Nedanfor haugen budde Stella og Bernhard, og seinare Hans, sonen deira og kona hans Ingeborg. Både Bernhard og Hans hadde reist til sjøs i sin ungdom, og hadde derfor ein patina av å vere annleis, fordi dei hadde sett den store verda. Dei hadde ein vanleg vestlandsgard, bakkete og tungdriven. Det var som ein sa på Nordmøre: Hadde det vore litt brattare, kunne ein brukt jorda på båe sider. Dei hadde eit våningshus med inngang på midten, eit gamalt fjøs, delvis mura i stein, som skikken var. Det var plass til nokre kyr, ein hest i andre enden av bygget. I sauefjøset av stein som stod for seg sjølv, hadde dei nokre sauer. Dei hadde bær og frukthage, og sette poteter på ulike teigar kvart år, for å driva vekselbruk.

 Kyrne gjekk i utmarka om sumaren, og den vesle bekken sørgde for vatn, granbusker for ly om det regna. Det var le mellom innmark og utmark, og du var ikkje stor før du visste at det måtte latast att. Over steingjerdet var det strekt piggtråd, slik at ikkje dyra skulle kome over. Sauene vart sendt til fjells om sumaren, og på hausten etter siste slåtten gjekk alle dyra på heimebeite. Då var det enno meir om å gjere at grindene mellom gardane var lukka, ettersom dyra gjekk på båe sider av storvegen. Skikken med å gjerde på begge sider av vegen kom seinare.

Me gjekk over steingarden og ned bakkane når vi skulle besøke dei. Dei var gamle, og hadde tid for ein prat. Nokre sa Stella var forviten, for ho ville vita litt korleis tinga gjekk oppom garden, hjå oss. Me plukka blomar til dei, og handla for dei når dei mangla småting. Dei hadde høner, og etter att våre hadde gått til dei evige hønegardar, kjøpte me egg der.

Hans og Ingeborg gifte seg i 1952, og eg og syskenbarnet mitt skulle få vere med i bryllaupsmiddagen! Det var stas! Etterpå sat dei vaksne og tala om at tida gjekk fort. Snart var det sølvbryllaup. Små gryter høyrde etter, og spurde om det var dei same som vart bedne då. - Det var ikkje sikkert, sa dei vaksne. Eg hugsar eg gret ved tanken på å ikkje bli bedt i neste jubileum!

Huset dei budde i, var eit vanleg vestlandshus. Steintrapp på utsida, inngang på midten, gang, kjøkken, og ei stove mot nord, og ei mot sør. Ei trapp opp til andre etasje, og nordre og søndre lem. Bernhard og Stella budde i nordre del av huset, og Ingeborg og Hans i søre del . Dei delte kjøkken, men det tok ikkje lenge før dei delte av, slik at Ingeborg og Stella hadde kvart sitt kjøkken. Ingeborg hadde elektrisk komfyr, medan Stella brukte vedkomfyr. Det var ikkje enkelt å dele kjøkken for ulike generasjonar, då som no.

Klatring

I mine unge dagar lika eg å klatre. Det var viktig å kome opp, og få oversikt og utsyn.

I gamlehuset hadde far garasje med skukk, og for å kome opp dit, måtte ein klatre i stige. Det var greitt å klyve dit opp, og så vere i i si eiga verd. Katten var også der oppe, og ein gong hadde han fått kattungar. Mor sin reaksjon på det har eg fortalt ein annan stad. Men pus kunne kosast med, og kroa seg inntil meg. Eg kunne lura med seg ei bok og lese litt, teikne litt, eller berre vere der for seg sjølv. Litt moro var det når dei andre lurte på kvar eg var :

- Kvar er ho Britt? Og så kunne eg liggje der og bestemme sjølv om eg ville gje meg til kjenne eller ikkje. I rule.

Der var ein del tre på og omkring tomta. Ikkje alle eigna seg til å klatre i, men eiketreet nedst i hagen hadde fine greiner til å krype oppi. Der sat eg ofte, såg ut over tomta, på huset heime og ekrene til bestemor og bestefar. Dokka kunne vere i armkroken, eller eg berre sat der åleine.
Nærare huset stod det ei bjørk. Ho var litt verre å kome seg oppi, så eg måtte finne meg ein kasse å stå på for å kome opp. Men der såg eg nedover Dalebygden, og kunne sjå kven som for etter vegen, både syklistar, gåande og

dei med hest og kjerre. Kanhende gjekk ho
Stella, nabokona med mat til grisen, eller han
Bernhard slo med stuttorv. Og eg sat der, såg
kva dei alle gjorde, men dei såg ikkje meg!
Då me flytte på Flossvika , var gleda over å
klatre ein del av livet. Tarzan Britt hadde
klatra lenge, og til og med øvd seg på å svinge
seg frå tre til tre, med vekslande hell. Å klatre
i gran var litt komplisert, for då fekk ein ofte
barnåler ned på ryggen, og så fekk ein ikkje
noko særleg utsyn på grunn av dei tette
greinene. Så det var sjeldan eg klatra i den
typen tre, om eg ikkje skulle hjelpe kattungar
ned på jorda att.
Far hadde ofte plankestablar på tomta. Han
bruka dei til forskaling, men mellomlagra dei
heime. Dei vart stabla i trekant, og var
ypparleg til å klatre i. Her var prosedyren litt
annleis. Fyrst klatra du opp til toppen , sat og
såg utover og fekk oversynet, og så klatra du
ned på innsida, og var i ditt eige vesle
husvære, om det ikkje regna. Men me lærde jo
etterkvart å leggje på tak over trekanten, og så
hadde me slaberas på sølekaker og vatn. Me
kunne ta kaffimaten der ute, for det måltidet
var liksom frisleppet i mi tid. Då kunne du
smørje mat og ta med deg ut.
 Dei minste var sjølvsagt med. Til å begynne
med så heldt vi dei i hendene og slepte dei ned
på innsida , men etterkvart så lærde vi dei å
halde seg fast med hendene og setje føtene på

rett plass i plankestabelen. Lær ein mann å fiske, så har han mat. Lær ei syster å klatre, og ho klarer seg sjølv- nesten.

Men yndlingsstaden var ei krokete furu i utmarka hans Arthur. Ho hadde vakse seg krum og fin, med gode greiner både nedst og langt oppover. Kom du mot toppen, kunne du sjå over småskogen og heim, sjå mor skunde seg ned til bensinpumpene når einkvan bilen tuta, eller småungar som leika i sandkassa om dei ikkje var med på utferda i marka.

Under furua var det kongler dei kunne leike seg med, om ikkje ei geskjefig storesyster insisterte på at dei burde prøve å klatre dei og, så ho lyfta dei opp på dei nedste greinene, der dei klamra seg fast til dei vart lyft ned att.

Furua var både båt og bil, og mange turar vart i fantasien teke ut i den store verda med utgangspunkt i den furustamma.

Men alt har sin ende. No er det nok å klatre til trinn 5 på ein stige for å male huset

Ei søster til

Jordmora hadde kome over fjorden kvelden før. Tante Birgitta, den ugifte tanta til mor frå Mundal kom og. Ho pleidde å hjelpe til ved heimefødslar. Denne gongen skulle mor fø heime, fordi ho hadde god hjelp, medan ho hadde født i Bergen då søster mi vart fødd tre år tidlegare.

Eg hugsar enno vaskekluten som hardt, fort og effektivt for rundt i det vesle fjeset mitt. Det var tidleg morgon, og me hadde blitt vekt og fått beskjed at no måtte me opp. Me fekk vel i oss eit mjølkeglas og ei halv skive, før me i halvmørket vart skyssa ut i bilen. Dei to yngre systrene mine og eg vart plassert i forsetet på Opel Blitzen, og skulle vera med far på arbeid. Han arbeidde på tomten til det nye huset vårt, som han skulle byggja på Flossvika. Husagrunnen var nesten ferdig, og det låg store steinrøyser rundt det uferdige grunnen, brakje og lyng var det rikeleg på tomten, store graner søranfor det som ein gong skulle verta huset, og det var eit stort bratt brot nedanfor tomta vår.

Storvegen gjekk like forbi, og oppe på andre sida, oppe på høgda hadde far skote ut ei stor kjelde, for denne gongen skulle vi ha nok vatn, og ikkje vere avhengig av å måtte køyre frå andre når det var tørke!
Mor hadde gjort ferdig utstyret til det nye barnet. Ho hadde fornya tøybleiene så det i alle fall var 12, ditto klutar, skjorter med fin blondekrage, trøyer, løyert, sparkebukser av

bomullstrikot, strikketrøyer, labbar og luer. Eg er ikkje sikker på om ho hadde laga løyertar, men bastkorga var gjort ferdig, med laken, voksduklaken, enno eit laken og dyne, men ingen hodepute til å byrja med. Korga var fint pynta med trekk som hang over kanten, og nye band.

Ho hadde sagt at eg skulle få ei lita syster eller bror, men at eg ikkje måtte seia det til nokon. I ettertid kan ein jo undra seg over det, for det var vel synleg for dei fleste kva som var på gong, men samvitsfull som eg var, heldt eg tett, nesten. Unntaket var ho Oddveig, bestevenninna mi, som med løfte om kors på halsen fekk vita kva som var i emning.

Yngste søster mi var to og eit halvt år, og den andre var knapt seks, men vi tok ein tur dei hundre meterane gjennom utmarka opp til kjelda, som enno hadde ein stor steinhaug rundt etter utskytinga, sjølv om far hadde støypt tak på henne. Me ropa ned i lufteholet, og høyrde atterljoden av stemmene våre.

Nedattkomne fann vi oss blåbær og blokkebær, og klauv på steinane rundt grunnmuren. Høgdepunktet var då far let oss balansere på ein lem opp på husmurane, og så fekk me sjå ned i husegrunnen. Over det som skulle vera stova var det støypt betong, fordi der skulle det vera garasje i underetasjen. Under resten av huset var det berre eit stort gapande hol, og me fekk beskjed om å vera forsiktige. Eg trur far held oss i handa mesteparten av tida.

Litt niste åt me, men då klokka var tolv, skulle me heim att for å få oss mat. Stor var overraskinga då me kom inn, og vart bedne opp på soverommet. Der låg mor, nystelt med ei lita raudhåra jente i armane. Den nye systera vår var komen! Vi gledde oss over ei til, for det var morosamt! Snart kunne vi ut og trille, og leike oss med henne! Vi la planar.

Nokre timar seinare køyrde far jordmora på kaien på Leiknes. Ho skulle skyssast sør om fjorden, til Tepstad der ho budde. Vi stod på kaien, og jordmora vart takka for hjelpa, og ho steig ned i den vesle motorbåten. Då snur eg meg til far, og gledestrålande seier eg: " No kan eg vel sei det, at eg har fått ei lita syster!" Alle var einige om at det var greitt.

To nye søsken

Det var ein uvanleg varm sumar på Vestlandet, sumaren 1956. Veke etter veke gjekk utan at det kom vatn, og folk byrja å sjå i brønnane, og peile dei. Nokre måtte køyra vatn, andre tok i bruk den kjelda som låg lengre bort frå husa, men som heldt vatn. Me ungane storkosa oss, gjekk i lette klede, og var i bad fleire gonger om dagen.

Mor gjekk og steig og var barntung, og sleit i varmen. Ho var stor, og sist ho var til kontroll, meinte lækjaren det var to, for han høyrde hjartelyd av to. Det var tvillingar i slekta til mor, og mange sa at det hoppa over eit slektsledd, og det stemde her, for bestemor hadde tvillingsystrer.

Så var det å svinga seg rundt då, og sy eit ekstra sett av bleier og rumpedukar, skjorter og trøyer, sengetøy og alt som trengtest, og då far køyrte til byen, var mor med og kjøpte inn sparke-bukser, og anna som skulle til.

 Sidan det var to, var det ikkje snakk om heimefødsel. Det kunne jo verte komplikasjonar. Å reise til Bergen var tungvindt i desse dagar, anten med dampbåten, eller motorbåt i fleire timar, eller reise med bil til Kleivdal, gjennom Furubergstunnellen, til Seim og til Isdalstø, ferje til Steinstø, og vidare gjennom Åsane, om Eidsvågsneset og inn til byen. Siste ferja gjekk i 10-tida, og derfor var det uaktuelt å satse på den vegen.

 Mor var glad for å få plass på sykehuset Betanien, som hadde godt ord på seg i dei dagar, men ho måtte også bu ca.14 dagar på sjukehotellet like ved, fordi ho altså ikkje kunne bu heime til fødselen tok til.

Ungane heime vart teke vare på av tausa, ho
Aud Hagesæter, og far var jo og heime om
kveldane, sjølv om han måtte passa arbeidet.
Det var heller ikkje vanleg at fedre var med på
fødselen i dei dagar. - Dei gjekk bere i vegen,
vart det sagt.
Me heime gjekk og venta, og lurde på korleis
det gjekk. Me snakka med mor på telefonen,
og fekk vita kor ho hadde det.
 Så kom telefonen. Eg meiner det var
telegram, som dama på telefonen las opp -
telefonen var jo og berre open nokre timar på
dagen- medan mor seier ho ringde sjølv heim,
fordi ho kjende seg opplagt etter fødselen.
I alle høve kjem ein strålande far inn og seier
- Det vart to, ei jente og ein gut! Mor og barn
har det berre bra.
 Me var 4 jenter frå før, så guten var ekstra
velkommen. Far hadde sagt til mor at det
kunne vera greitt med ein gut, og det trengte
ikkje vera meir enn ein. No kom han, som
sistemann!
Vi reiste ikkje inn og såg nykomarane, til det
var det for langt. Men far leigde Anton Myhr,
som hadde vore i Amerika og hadde
standsmessig bil, til å hente heim mor og
tvillingane. Aslaug på Flossvika skulle også
vere med, og halde den eine tvillingen, slik at
mor skulle få kvile, og far skulle halde den
andre. Men no ville lagnaden at Aslaug vart

bilsjuk, så mor måtte halde den eine likevel,
det meste av den lange vegen eg før skildra.
Eg var på skulen den dagen, og var spent.
Skulevegen heim vart gjort unna på rekordtid,
og dei var komne! To små sysken, ulike, men
det skulle vise seg at dei var psykisk tettare
kvarandre enn nokon av dei andre søskena.
Dei kjende jo kvarandre allereie! Guten var
størst, jenta var tynnare, men dei utvikla seg
snart til jamstore.
Det var stor stas med dei nye søskena! Tenk at
dei var to! Me lista oss inn og såg, var
lukkelege når ei lita hand greip om fingrane
våre, eller vi sette oss godt til rette og fekk
halde dei. - Pass på hovudet, hald godt under
nakken, formante mor.
Det vart teke bilete av familien. Arthur på
Kleiva, onkelen til mor foreviga oss. Han
hadde vore i Amerika og hadde fotoapparat. Ei
slik stor begivenheit måtte ein ha bilete av! På
biletet strålar eg, lukkeleg storesyster til to til,
medan dei to mellomste er litt meir betutta
over det store omveltet som kom. Mor sit med
jenta på fanget, med lyseraudt teppe. Far heldt
stolt og glad guten han endeleg fekk, sjølvsagt
med lyseblått teppe.
Korleis hadde mor det? Seinare sa ho at hadde
ho hatt ein til, kunne ho ha gått i eitt...Det var
nok både lukke og ammetåke, vil eg tru.
 Det var stas med tvillingar i huset for oss
ungane. I den første tida låg dei lag i same

senga, og mor fortel om første gongen den
eine oppdaga den andre, og forsiktig strekte ut
ei hand for å røre ved vesenet ved sida av.
Det kom gutar i 10-12 årsalderen på døra,
ringde på og spurde:- Kan vi få sjå dei? Så
fekk dei kome inn, sjå vedundera og sitje
forsiktig i sofaen og halde dei.
Jenta var tunn, og fekk dermed mest
morsmjølk, medan guten fekk litt av det, og
litt erstatning. Dei vaks, og snart var dei like
store, men guten var alltid litt meir sett.
Mange kom med sengjakonemat. nokre hadde
med rømmegraut eller kaker, som skikken var,
og me ungane likte sjølvsagt det. Mange
hadde med gåver til dei nyfødde. Dei fekk
rikeleg av sparkebukser, fine trøyer, ein del
heimestrikka, tepper, luer , vottar og
labbar. Alt var i lyseraudt og lyseblått som
skikken var, og mor fortel at det var moro å
kle på dei to så mykje fine klede. Heldigvis
var kleda i ulike størrelsar, så dei hadde klede
lenge.
Snart var dei så store at dei kunne liggja på
teppe på golvet, strekkje seg etter leikar og
krabbe litt omkring. Vi "leika" litt med dei, og
gledde oss til dei var større.
Ein dag reiste jenta seg frå golvet og stod, og
tok sitt første ustøe skritt før ho deiste i
bakken att. Mor påstod at han som sat att på
golvet sa -Malit, men det høyrest noko
usannsynleg ut. I alle høve fekk guten noko å

strekkja seg etter, og det tok ikkje så lenge før han var på beina han og. Litt vanskelegare for han som var tyngre i sessen.

Mor hadde kjøpt ei brukt tvillingvogn, og det var stas å gå ut og trilla, men turane vart ikkje så lange, for vogna var tung, så me snudde når me kom til bakkane, og nøydde oss med å trille utanfor huset. Elles var det mange som ville trille, men me syntest me hadde førsteretten. Tausa, ho Aud, tok dei med på tur når ho hadde tid.

Det var alltid eit tett forhold mellom dei to. Dei hadde ein kommunikasjon og eit band me andre ikkje hadde. Jenta gjekk føre, tok styringa, slik eg har høyrt det ofte er når det er toegga tvillingar. Ho ordna opp, og han fylgde etter. Men mor fortel at ein gong ho kom ut på altanen, høyrde ho guten sei - Nei, no vil eg stemma! (bestemma). Då hadde nok grislinga til jenta gått for langt.

Å være storesøster betydde barnepass. Det var oftast greitt, og me passa dei i sanddungen og i hagen, lærde dei å fange rumpetroll og halde dei krelande krypa i handa. (me fekk aldri ale opp rumpetroll i kjellaren. Eg forsøkte ein gong, men måtte tømme dei paddedammen att).

Me drog småungane over nettinggarden hass Arthur nesten før dei kunne gå, og let dei vere med på å utforske utmarka. Oppe i marka var ei stor krunglete furu, klatretreet, som eg

elska. Dei måtte jo lære seg å like det dei og,
så dei var med og plukka kongler og vart lyft
opp på nedste greina, med ordre om å halde
seg fast. Kva trauma dei har fenge etter det,
har eg ikkje undersøkt, men ingen av dei har
klatra så mykje i tre i etterkant. Heimatt så
drog vi dei over gjerdet, men guten var så tung
at me løfta opp gjerdet og let han krabbe
under. Kjeledressane skulle jo vaskast,
anyhow!

Paddedammen
Bortanfor huset, attmed vegen låg det ein liten
sump. Han fyltest fort opp når det regna, og
tørka ut i godvêr. Han kunne vere sigledam for
heimelaga trebåtar av ymse slag, snekra i
garasjen hos far når han ikkje var heime og
blanda seg inn. Spissa med øks eller tollekniv,
og sjølvsagt var det banka på eit styrehus med
4 tomsspikar. Det var ein spikar til mast, og av
og til ein spikar til å feste hyssing i fremst på
båten. Vi laga kaiar av nærliggjande steinar,
og hadde mang ei våt og koseleg stund, anten
me dreiv fraktefart i Osterfjorden eller lengre
tokter mot Amerika eller Austen.
Var det mykje vatn, kunne ein og måle djupna
på dammen kontra høgda på gummistøvlane,
og sjå kvar ein kunne vasse utan at det gjekk
over støvlane. Av og til gjekk det over
støvlekanten anyhow, fordi vi ikkje rekna med

bølgjegangen når vi vassa, eller var så uheldig at vi trakka på ein liten vippestein. Men då var det berre å tømme ut vatnet og halde fram. Ein tagde klokeleg om våte støvlar til kvelden, slik at ein ikkje skulle få forbod mot å gå ut att, og når mørket senka seg, så var det tid å fortelje kor uheldig ein hadde vore, og finne avispapir til å leggje nedi, så skorne kunne tørke til neste morgon.

Sumpen hadde det klingande namnet Paddedammen. No er det ikkje så mykje padder på Vestlandet, men nok av frosk, men namnet skjemmer ingen. Kvar vår var det å følgje ivrig med for å sjå når den slibrige gjennomsiktige massen med dei svarte prikkane kom, og seinare ta seg minst ein tur kvar dag for å sjå utviklinga. Dei svarte prikkane voks, og gelemassen svall opp, og ein dag så var den sprokke, og dammen var full av sprellande rumpetroll, som piska seg framover med den vesle halen sin.

Dei var morsomme å fange, og dei krela og spratt og kitla i handa. Mindre småsøsken måtte og få prøve, og dei ropa til, og ofte datt rumpetrollet på vegen eller på damkanten. Men ei pølse i slaktetida, eller eit rumpetroll til eller frå var ikkje så nøye. Det var mengdevis att!

På skulen lærde eg om utviklinga frå egg til frosk, og læraren fortalde om ungar som hadde teke inn rumpetroll, mata dei og sett på

utviklinga frå a til å. Det tende meg sjølvsagt,
så eg fann eit brot og sanka saman ein del av
dei symjande krapyla og plasserte dei
garasjen, litt unna moderens allsjåande
åsyn. Dei vart mata, og skifta vatn på, og voks
som seg hør og bør.
Men ein kveld når mor og eg hadde ein
fortruleg prat, kom eg til å nemne oppdrettet i
kjellaren.
Reaksjonen var hurtig, målretta og klar : - Du
får dei ut snarast mogeleg! I vaksen alder kan
eg jo skjøna utbrotet, med tanke på 20-30
hoppande froskar i garasjen/kjellaren, men der
og da var det ein tragedie. Draumen om å sjå
utviklinga til dei søte små forsvann,
forskarspiren visna, og ei ulykkeleg jentunge
tutla til garasjen, fekk opp porten og henta dei
ulykksalige rumpetrolla, som nok vart meir
salige då dei vart tømt ut att i sitt rette element
i Paddedammen. Dei vifta med halen og
løynde seg klok av skade under næraste stein.
Vel ei veke seinare var dammen tørka inn.
Eg håpa dei hadde nådd fram til frosks
mognad, og løynt seg i næraste myrhol før den
tid.

Keivhendt
Å vere keivhendt, er ikkje arveleg, men
dersom mor eller far er venstrehendt, er det
større sjanse for at borna vert det. I gamle
dagar var det ca. 5%, no er det ca. 10%, truleg

fordi det er meir godteke å bruke venstrehanda.

Sonen min var vel eit og eit halvt år då eg la merke til at skeia var i venstrehanda, at leikane vart styrt med same handa, og at han sparka ballen med venstrefoten. Så dominant som noko kunne vera!

Å vere keivhendt var ei funksjonshemming i min barndom. Du hadde vanskeleg for å skrive med penn og blekk, og alle reiskap, som saks, kniv, linjal, og blyantspissar var tilpassa høgrehendte.

Du kunne vera kor venstrehendt du ville, på skulen vart alle tvinga til å bruke høgrehanda til å skrive med, for det var vanleg. Brukte du venstre handa til blyanten, vart du tidlegare slått på handa, og i mi tid tvinga til å bruka høgre.

Om du greip med venstre handa, heldt blyanten i venstre og sparka ball med venstre, så galdt det ikkje, du måtte skrive med høgre. No veit vi at hjå dei fleste venstrehendte er høgre hjernehalvdel dominant, og dei høgrehendte har venstre hjernehalvdel som dominant. I venstre hjernehalvdel sit alle "bokføringsfunksjonane" , medan høgre er den kreative delen av hjernen. Men eg veit ikkje om det er forska noko på korleis det verkar inn på lese- og skriveoppfatninga/ læringa.

Kunnskapen om venstre og høgre hjernehalvdel var heller liten på 50-talet, så det var ingen som brydde seg om kva som hende i hjernen til eit lite barn når det vart tvinga til å bruke den handa som ikkje var dominant. Nokon hevda at det gjekk ut over leseevna eller manuelle ferdigheiter, så dei vart meir klønete enn andre.

Eg hadde ei syster som vaks opp under dette pedagogiske regimet, der læraren gjerne ville tvinge henne til å skrive med høgrehanda, enno ho var keivhendt. Men mor troppa opp på skulen, og forlanga at syster mi skulle skrive med venstrehanda. Sjølv i dei dagar hadde foreldra så mykje å sei at ho fekk ha blyanten i venstre hand, og teikna med same handa.

Men syster mi fortel at læraren samla klassen framfor pulten hennar, og let alle sjå noko morosamt, nemleg kor det var for ei venstrehendt å skrive med høgrehanda. For ein sjenert 7-åring var det ikkje akkurat ein pedagogisk innertiar.

Ofte var det eit stort problem å skrive med penn og blekk. Det var ekstra lett å få kluss og blekkflekker, nettopp fordi ein skreiv "feil" veg.

Mor kjøpte penn og pennesplitt for venstrehendte i Bergen, for å unngå flekker, og deretter fyllepenn. Jammen trur eg at syster mi fekk saks og etterkvart potetskrellar for venstrehendte også! Så her skulle det ikkje vera noko unnasluntring!

Ho lærde å strikke og sy, og slapp nok unna ein god del frustrasjon fordi mor var så konsekvent med at ho skulle bruke venstre handa si. Ja, kanhende ho slapp unna ein del ulykker også, for keivhendte som brukar høgrehanda er meir klossete og slumsar meir, akkurat som me høgrehendte gjer når me brukar venstre handa.

Det er mange dupedittar som er berre for høgrehendte i dag og, som kortmaskin, symaskin og boksopnarar.

Men eg veit at gitarar er å få for båe hender, og i dag såg eg på nettet at både videokamera og spillkonsollar er å få for venstrehendte!

Men syster mi fortel at det er vanskeleg å få tak i t.d stuttorv for keivhendte!

Visste du forresten at minst 3 amerikanske presidentar har vore/ er venstrehendte? At både Jean d`Arc og Jack the Ripper brukte venstrehanda?

Forresten så er 13. august " De venstrehendtes dag"over heile verda, om du skulle ha behov for å markere den.

Lyset blir borte

Det var brått mørkt, eller lyset blinka eit par gonger, før me sat i stummande mørke.

Febrilsk leiting etter fyrstikker, som regel låg

attmed omnen, og etter talglys som oftast var inni eit skap. Eit blafrande lys spreidde seg i rommet, og du kunne starta leitinga etter den viktigaste reiskapen når lyset var borte: lommelykta. Ho skulle liggja i skapet ute i gangen, og om ho ikkje låg der, var det leiteaksjon over heile huset, til me fann ho, forhåpentligvis med både batteri og lyspærer som verka.

Lyset vart borte, i timar og dagar. Skulle ein frå eit rom til eit annan, i kjellaren eller på utedo, måtte ein ha lys. For ikkje å snakke om dersom ein skulle arbeide i fjøs, låve eller garasje! Ofte måtte ein av ungane halde lykta, medan dei vaksne fekk jobben gjort.

 Stearinlyset var ikkje sikkert, og kunne i verste fall løyse ut brann. Parafinlampe hadde dei fleste ikkje lenger. Men lommelykt det hadde vi. Store og små. Eit teikn på at du var blitt eldre, var at du fekk lommelykt til jul eller fødselsdag, til bruk i mørketida. Eit kvart hushald hadde lommelykter. Små til bruk for ungane, og til småturar i kjellaren og på utedo, større til turar på butikk og meieri, på tur gjennom utmark og om ein skulle i fjøset.

 Og dei større til bruk for dei vaksne, og til utearbeid der ein ikkje hadde lys, eller når lyset var borte.

Kvar haust måtte ein sjekke lommelyktene. Ein måtte ha nye lyspærer, og nye batteri, dersom dei var utgåtte. Batteria var forholdsvis dyre, ettersom eg hugsar, og mange gonger vart det ei prioritering kva lommelykter som skulle få pærer og batteri først.

Når økonomien var god, hende det vi brukte lyktene ute, og leika gøymespel, der me brukte lyktene til å blinka og gje teikn kvar me var, før me fann ein annan gøymestad.

Men elles var lykta eit nyttig hjelpemiddel når ein gjekk etter mjølk, eller heim frå vener eller til bedehus og ungdomshus. Skulle ein på do, var utedoen jo ekstra grei, for der var det vekeblad ein kunne lese i, med lommelykt, så ein brukte tid der.

Lykt eller ikkje, det hende vi slumsa ned i vasspyttar eller vegveita likevel. Våte og skitne kom vi heim, og måtte skifte sokkar og leggje avispapir i gummistøvlane.

Lykta skapte skumle vesen etter vegen, og om en lyste inn mellom trea, kunne ein sjå både nissar og troll. Eg har vel aldri vore så gudfryktig som på veg heim i myrkret! Eg song salmar og bad Fadervår, for mørkeredsla var stor, og ein visste jo aldri om trolla verkeleg var døde, når ein var på veg heim ein beksvart kveld. Når eg såg lyset frå utelampa heime, minka fromheita. Det var som i den gamle vandrehistoria om rorskaren som rodde i stormen, og som så kom inn i smult farvatn: -No skal du ha takk, Gud, no klarer eg meg sjølv.

I våre dagar, med gatelys overalt, med utelys
utanfor døra, på veranda i hage og på uthus, så
er det ein heilt anna situasjon. Me har ledlys
og lys med solcelle og batteri. Du kan
installere lommelykt på telefonen og har
lys på nøkkelknippet.
Gatelys stod den gongen berre i vegaskille,
det var lys utanfor hovudhusa, og utanfor eit
og anna uthus og fjøs. Resten av vegen var i
mørke.
Vegane var grusvegar, ofte med håler og
vaskebrett. Ofte gjekk me til naboen eller i
nabolaget gjennom utmark, med hjulspor,
steinar, oppover og nedoverbakkar, klopper
over bekkar, små røter og vasspyttar. Det var
umogeleg å ta seg fram utan lykt.
Me trengte lommelykta, og ho var ein del av
kvardagen i mørketida på bygda i
barndommen min.

Husvask
Det skulle vera reint til jul. Det innebar vask,
sjølv om hovedreingjeringa ofte vart teken når
det vart lysare tider.
Me brukte vedfyring, og derfor var det
nødvendig å vaske huset. At det skulle skje til
jul, var eit ideal, men ikkje alltid det vart då, i
den kaldaste årstida.
Det måtte førebuast. Ein måtte ha dekser, noko
som ikkje vart kjøpt på butikken, men ein

brukte gamle filler. Det var dynetrekk, gamle
skjørt eller skjorter, ja til og med dei store
unevnelege vart brukt, utsliten makko som var
fin til å vaske med Grønsåpe var den beste
såpa, og om du ikkje hadde, måtte du kjøpe
ho. Var det varmt vatn i springen, så var det
fint, elles måtte ein varme vatn i store kjelar
på omnen. Ofte var ein fleire til den store
reingjeringsoppgåva. Då kunne ein vaske, og
ein skylje.
Vi ungane måtte liggja lågt i terrenget slike
dagar, om me ikkje var store nok til å hjelpa
til. Som oftast var det ungepass, der ein måtte
sørja for at dei minste var ute av syne. Regna
det, var det å sysselsetje på romma, elles var
det greitt å gå i skog og mark den dagen. Ein
smurde mat og åt elles på kjøkkenet.
Middagsmaten var ofte laga på førehand desse
dagane, betasuppe eller ertesuppe eller noko
liknande, lett å varme opp og lett å ete.
Før ein starta på sjølve vasken, måtte ein
rydde, polere, pusse og flytte på ting.
Ein tok ned bileta, og tørka støv av dei.
Gardiner og portierar skulle på vask, Dei
møblane som kunne flyttast, vart sett i eit anna
rom, og resten vart flytta ut frå veggene, og
det vart lagt aviser over dei, over sofaen og
tunge stolar. Bøkene i bokhylla la ein ut i
gangen, etter å ha tørka av dei og rista dei for
å få ut alt støvet. Ein tørka støv av pynte-
gjenstandar, og pussa sølv, koppar og messing.

Teak og malte flater skulle setjast inn med olje.

Ein pussa omnen, tok ut oska og smurde han med omnssverte.

Så skulle ein vaska taket, og der ein stod på gardintrapp, hadde laga bukkar eller brukte stødige bord og vaska taket, Vætte,først med vatn, vaska med grønsåpevatn, skylte så og tørka over. Ein måtte vaske ein veg for ikkje å få skjoldar . Veggene skulle vetast nedanfrå, og så vaskast frå toppen og ned. Det var nødvendig å vaske stykke for stykke, og så skylte ein med reint vatn. To dekser og to bytter, ei til kvar operasjon.

Golvet vart vaska nøye, ein både vaska, ein tok bort flekker, og skylte. Ein burde ligge på kne og skure med kost, og så ta løvangen og vaske over til slutt. Då møblane var kome på plass, reine gardiner hengt opp og bilete og bøker igjen var der dei skulle vera, då var reint, og det lukta reint

Og me tok av oss støvlane når me gjekk inn.

I dag tar eg kosten og vaskar nedetter veggene, etter å ha spraya litt vaskemiddel på moppen.

Litt ekstra i krokane, og ein klut på flekkane, så er hovedreingjeringa over for denne gongen.

Med lite vedfyring og varmepumpe så er det greitt. Vi bergar eit år til!

Handarbeid

Det første eg spøta, var skjerf til dokka. Eg hadde ein eller annan barnesjukdom, og måtte sysselsetjast, sidan eg ikkje kunne gå ut, og ikkje kunne få besøk og soleis smitte andre. Eg strikka fram og tilbake, rett på båe sidene. Det vart litt buktete, for det var ikkje så enkelt å hugse å ta av første maska i omgangen, og ei og anna maske miste eg nok, så ho mor måtte fikse ho. Av og til vart det lagt opp ei ekstra maske, så halstørkledet vart litt større øvst enn nedst. Men dokka lika det, og var glad for å ikkje fryse når ho skulle ut.

Så gjekk vegen vidare til rang og rett, til fire strikkepinnar, til leistar og vottar, der sjølvsagt mor måtte hjelpe til med å hente opp masker, felle og strikke nokre omgangar når den vesle strikkerska vart motlaus.

Strikkegarnet me bruka kom frå Hillesvåg ullvarefabrikk, så det var kortreist. Ulla var ikkje tova, så ein måtte ta høgde for at leistar og vottar måtte strikkast litt store, så dei passa når dei var ferdige. Milo var ikkje vanleg å bruke til ull, så ein brukte Sunlightsåpe når ein skulle vaske finare kledeplagg.

 Dei fleste plagg vart tova i første vask, og genserar og trøyer kunne nok minka i størrelse etterkvart, men vart varmare ettersom dei vart erva. For ullplagg gjekk sjølvsagt i arv. Vottar og leistar vart strikka i grått 3 tråda garn, og til ungane vart det laga render med

49

farge på brotet, medan dei vaksne hadde gråe
leistar. Leistar var mykje i bruk, for det var
golvkaldt inne om vinteren, og ein måtte
dessutan ha leistar både i gummistøvlar og
beksaumsko, så alle måtte ha fleire leistepar
kvar. Garn var dyrt, så det hende ikkje sjeldan
at når foten i leistane vart utslitne, så måtte
ein strikka ny fot på brotet.
 Mange rekte opp garnet på genserar og
jakkar og bruke garnet ein gong til, eller
strikka nytt brot på gamle plagg, for å forlenge
dei eller fornye dei.
 Men det var gjævt var når du fekk byrje å
strikke din eigen genser eller trøye. Fekk ein
kjøpe seg nytt garn var det ekstra stas. Ein
kunne også her kjøpe garn i "udlavågen", og
då gjekk ein dit med mønster, og kjøpte det
ein trong.
Men når det nærma seg 60-talet, så var det
meir vanleg å kjøpe garn til trøyer og genserar
i Bergen. Då gjekk ein til ein av handarbeids-
butikkane i sentrum, såg på utstilte modellar,
og leita i permar, om ein ikkje skulle ha same
mønster som naboen. Vekeblada hadde
strikkemønster, då som no, så det var mange
mogelegheiter. Til strikkinga vart nok til at me
fekk litt hjelp av dei vaksne, men me gjorde
mykje sjølv. Monteringa gjorde mor. Stas var
det å koma på skulen i eigestrikka plagg,
gjerne med moteriktige mønster og fargar!

Ull var det i alle vinterplagg på den tida. Vi hadde ikkje fleece. Ser du på gamle skulebilete frå 50-talet, ser du at dei aller fleste hadde strikka ullgenserar eller jakkar. med render og lus, og mønster på øvre delen. Strikking var nødvendig, og det var viktig. Spøtet var i handa på kvinnene heile tida, for det var alltid einkvan i huslyden som trong eit plagg. Eg hugsar at tausene heime hjelpte til med strikketøy som skulle ferdig. Det var også mange menn som strikka. Onkelen min på morssida var ein av dei. Eg trur ordspråka i Bibelen var førebilete for mang ei kvinne på den tida: " Hun frykter ikke snøen for sitt hus, for hele hennes hus er kledd i skarlagenfarget ull. "

Eg hadde fått kikhoste, og måtte vere inne, I den tid var det inga vaksine, og sjukdommen måtte lidast gjennom. Det tok tid, og det kunne vera farleg å gå ut for tidleg. Då kunne ein få ettersjukdommar, og til og med varige mein. Lei og kei fordi eg ikkje kunne gå ut , og anten hadde eg venner var sjuke, eller så var foreldra deira ikkje så interesserte i at borna vart smitta.
 Den seks-sju år gamle jenta måtte sysselsetjast. Mor fann eit gamalt putevar, reiv ein høveleg firkant av det, og teikna kross-sting etter alle fire lengdene, og så fekk eg nål, dei seks trådane i brodergarnet vart delt i to,

tre i kvar del, og så skulle eg starte
prydsømkarrieren min. Det var om å gjere å få
fine sting, og at dei låg same vegen. Då eg
møysameleg hadde sauma alle fire sidene,
falda mor kunstverket, og så hadde eg mitt
første broderte lommetørkle! I den tida hadde
vi ikkje papirlommetørkle, så heimelaga
snyteklutar var det vanlege.
Vi hadde kjøpte pyntelommetørkle, men elles
var det heimelaga når forkjølelsen tok over og
du trong store flater å snyte deg på. Eg var kry
over mitt sjølvproduserte, og hugsa eg brukte
det på skulen.
I forkjølelsesperiodar, derimot, vart gamle
dynetrekk brukt, rive opp i høvelege lengder.
Dei var mjuke og gode i møte med ei sår nase.

Så vart det meir brodering. Etter kvart teikna
ho mor opp tråklesting, stiklesting og
tungesting, og eg laga mine første brikker og
løparar. I vekeblada var det også mønster, og
eg lærde å føre dei over med blåpapir. Eg
lærde tråklesting, fylte ut stiklesting og
attersting, og fekk bruke flammegarn,
eit effektgarn med fleire fargar som gjekk
meir eller mindre gradvis over i kvarandre.
Det var gjævt.
I broderiforretningane i Bergen selde dei tråd ,
og påteikna løparar og dukar, og ofte var dei
falda opp, eller hadde sauma blonde rundt. Ein
tur innom ein slik butikk stod ofte på

agendaen når vi var i bydn, og vi kunne bruke timar med å finne mønster, fargar og velge ut påteikna duk.

Vi hadde handarbeidsklubb, me jentene, der me strikka eller broderte, og sjølvsagt var det kakao og påsmurde brødskiver, etter mønster av dei vaksne kvinneforeiningane.

Dei vaksne kvinnene hadde sine samkomer, der dei kom saman og strikka, hekla og broderte til basarane. Det var leistar, genserar og trøyer, gryteklutar og hekla og sauma brikker og løparar. Det var brodert i ulike sting, og det gjævaste var dukar og løparar i engelsk broderi eller hardangersaum. Det vart ofte ein av hovudgevinstane på basarane, og vart seld på bok som gjekk bygda rundt.

Helselaget, Santalmisjonen, Kinamisjonen og Redningslaget hadde alle kvinneforeiningar der kjerringane dreiv med handarbeid og hadde årlege basarar då eg var barn.

Det var mykje vakkert handarbeid, som tok mange timars arbeid å få ferdig.

I bygda vår hadde vi noko som heitte yngresarbeid. Der dreiv vi med småsløyd, peddig, halm, og ikkje minst broderi og strikking. Tante hadde ansvaret for handarbeidsavdelinga, medan onkelen min styrde sløyden og peddigen. Peddig var lange treremser som måtte bløytast slik at dei kunne bøyast og flettast til korger.

Ei dukke med heimelaga klede, med snikra
seng og sengeklede var hovudgevinsten.
Samlinga var praktisk arbeid, men avslutta
med andakt.
Då eg kom i konfirmasjonsalderen, vart det
populært med åklesøm, etter modell frå
vev. Me sydde mange slike, og eg trur eg har
ein av dei enno.
Etter kvart broderte folk i andre land mykje
billegare. Eg minnes mor hadde med seg heim
broderte løparar og dukar frå ferie i Budapest
og Gran Canaria. Kvinnene i Noreg arbeide
dessutan meir utanfor heimen, og dermed vart
det mindre tid både til handarbeid og
kvinneforeiningar.
Ikkje minst kom det symaskiner med
broderiprogram, med vakre og formfullendte
fargar og former. Det var få som kunne lage
tilsvarande for hand. Eg trur ikkje det er så
mange som broderer lenger.
Det er synd. Det er ein heil kultur som blir til
borte.

Bad og WC
Eg hugsar ein sommardag medan me budde på
Leiknes. Me hadde bada ute i stamp, syster mi
og eg. Så sprang me inn, og fann ut at me
skulle gøyma oss for mor, og kraup opp i
ektesenga og gøymde oss under dyna. Våte.
Ikkje populært.

Oftast vaska vi oss i vaskefat, både kattevask og rundvask, men det hende stampen stod på kjøkkengolvet. Då vart det mykje søl. Me hadde ingen dusj, inkje badekar så lenge me budde i Lunddalen.

Så flytta vi i nyahuset, på Flossvika. Far og mor var einige. Dei skulle ha bad og toalett i første etasje. Dermed vart huset for stort i flatevidd, og dei måtte ta opp lån i vanleg bank, for Husbanken godkjente ikkje flatevidda. Ho vart for stor. Trass i ekstra kostnader, det vart bad, med badekar og dusj, og me kjende oss som kongelege då me kunne ta det i bruk. Det var blankt blandebatteri med varmt og kaldt vatn, og dusj der du kunne stille varmen på vatnet. Du dukka ned i badekaret med mykje varmt vatn, og kunne liggje å bløyte heile deg! Men det var dyrt å bruke straum, og å varme vatn var dyrt, så dei yngste bada saman, og me måtte vera forsiktig med å bruke dusjen. Men vi hadde bad! Det var ei nyvinning så stor! Dei første åra brukte me Sunlightsåpe, Lux og Lano til reingjering, før me investerte i meir avanserte midlar, som sjampo og badesalt.

I gamlehuset i Lunddalen hadde vi vetlehus i uthuset. Med rundt lok, og du kunne sjå ned på herlegheita etter du var ferdig. Det lukta, og flogene lika seg der om sumaren. Dopapiret var gamle aviser og vekeblad, som måtte gnikkast mellom hendene før det vart mjukt

55

nok til å gjera nytten der bak. Dei fleste las
gamle vekeblad når dei likevel var på do, så
ein brukte god tid når ein først hadde ærend
dit.
Potta stod under senga, og skulle du noko
kveld, natt og morgon brukte du ho. For det
meste vart ho tømt ute, men det hende vel
innhaldet for i utslagsvasken, men det skulle
eigentleg ikkje gjerast, for det lukta. Då måtte
vatnet renna etterpå. Det hende vel og at ein
sette seg utanfor døra i mørke og kalde
vinterkveldar, om ein berre skulle gjera
lite. Eg hugsar også far gjorde eit poeng av
eit hus me køyrde forbi på veg til byen. Det
hadde ei stripe frå vindauga i andre etasje og
nedover veggen. Han meinte at innhaldet i
potta hadde teke snarvegen der.
No hadde me kome i nyahuset, og der var det
vassklosett! Du trengte ikkje lenger gå ut med
lommelykt for å gjera ditt fornødne. Du trekte
ned, og så var bæsjen borte! Ingen fluger,
inkje restopplag under loket. Me måtte bruka
kjøpetoalettpapir, for elles vart det tilstopping,
så novellelesinga vart det slutt på. Mor ville
ikkje ha noko lager av lesestoff på do, men det
hende ofte at me lurde med oss Donald under
genseren og las, lenge, like til nokon kom og
ruska i døra og ville inn. Men du kunne låsa
døra, og dei fleste av småsøskena mine klarde
etter tur å få dodøra i vranglås, og så måtte dei
instruerast om å klatre opp på stolen ved sida

av badekaret, opne det vesle vindauga og kaste
ut nøkkelen, eller i alle fall ta ut nøkkelen, slik
at vi kunne prøve resten av nøklane i huset for
å få opp døra. Kritiske minuttar med grining
på innsida og iherdig arbeid på utsida. Høg
temperatur, med andre ord!
Så vidt eg hugsar fekk me panelomnar på
veggen i nyahuset. Dei kunne setjast på 1-2 og
3, og var varme nok til at små fingrar brende
seg om dei tok på omnsida. Bratt læringskurve
for dei minste.
Men framleis var vedomnen viktigaste
varmekjelde, og me fyrde etterkvart med koks
og kol attåt. Seinare kom oljefyren. Han var
fin om han fungerte, men om veiken ikkje
verka, vart det fort kaldt.
Det hende nokre gonger, for veiken måtte
sjølvsagt verte i ustand når det var skikkeleg
kaldt.

Golvvask og klevask
Dei første åra vaska me golvet kvar dag. Grus
og søle kom inn med små barnesko, og det var
ikkje alltid lett å hugse å ta av seg skorne når
ein berre skulle hente noko. Sanddungen
utanfor huset var leikeplass, og mykje sand
kom inn med kleda til leikande små. Vår og
haust kunne ein av og til ause sand frå
vaskebøtta. Så kom støvsugaren og

revolusjonerte reinhaldet. Meir bråk, men lettare reingjering.

Auka bruk av elektrisitet, og nye hjelpemiddel gjorde livet lettare og enklare. Ingen vil vel snu tida tilbake til vaskefatet, utedoen og golvdeksa i dag.

I gamle huset på Leiknes hadde me bryggeripanne, og koka klede, og stor var gleda da far ein dag kom køyrande med ei Hobby vaskemaskin på lasteplanet. Maskina var laga på Eidet i Bjørsvik. Ho kunne du varma vatn i, og du kunne koka kleda . Så vaska du det som skulle vaskast i varmast vatn først, og så fylte du på med kaldt vatn i maskina etterkvart som du skulle vaska klede som ikkje tolde så mykje varme. Det var montert vrimaskin på maskina, og den vridde væta ut av kleda, slik at det var det var mindre såpe å skylja etterpå. Det var moro å vere med og vri på handtaket til vrimaskina og sjå vatnet pipla ut, og kjenne kor turt tøyet vart til slutt!

Me brukte sinkbaljar med kaldt vatn til å skylja i. Mor bruka vaskebrett til det tøyet som hadde flekkar og vaska ulltøy for hand, med Sunlightsåpe. I førstninga køyrde far vatn med lastebilen når det var turt, og brunnen var vasslaus, seinare fekk me innlagt vatn frå ei kjelda som heldt vatn.

Ute på haugen hang det klesnorer trekt mellom nokre tre, og der hengde me opp vasken. Ein

gong klødde me fælt då me la oss i det
nyvaska sengetøyet. Det viste seg å vere
fuglelus i kleda vi tok inn frå snora, for det
var eit reir i bjørketreet. Far gjorde kort
prosess, og reiv ned fuglebustaden, så ingen
klødde seinare. På den tid var ingen fuglar
freda. Menneska rådde over dyra.
Så flytte me til Flossvik, og fekk vaskekjellar .
Der var det to støypte skyljekummar, stor
varmtvasstank, og snart kom det halv-
automatisk vaskemaskin med automatisk
vrimaskin. Du under! Ein koka kleda, og la dei
vrimaskina, og så vart dei nesten såpefrie
automatisk! Det vart forskjell! Framleis hadde
me meir kaldt vatn i maskina når me vaska det
som ikkje tolde koking, og me måtte framleis
skylje i kaldt vatn, men no kunne me lure oppi
litt varmt vatn i skyljekummane, for me hadde
jo både varmt og kaldt vatn i kjellaren. Vi
kunne leggje dei skylde kleda i vrimaskina på
nytt og dei vart nesten tørre før dei kom på
snora.
 Ulltøy vart vaska i skyljekummen eller i
sinkbalje, (ja, dei finaste tok me i badekaret),
og dei finaste ullkleda vart og rulla i
handklede og lagt på strekk for å tørke. Me
hadde elles god tørkeplass utanfor kjellaren,
eit overbygg med rikeleg av klessnorer der ein
kunne henge tøyet.
I den tid strauk ein kleda. Undertøy , lomme-
tørkle, sengetøy, blusar og skjorter, kjolar og

eg veit ikkje kva, vart stroke, og bukser, skjørt og genserar og trøyer pressa vi. I byrjinga strauk me på bordet med ullteppe og laken over, men så fekk me strykebrett. Dei første strykejerna var utan termostat, og du måtte regulere varmen med å ta jernet ut av stikkontakten når du strauk, utan ville det bli brune roser. Mykje vart og stroke med dampeduk, nettopp for å unngå at plagga vart øydelagde.

Du skulle stryke skjorter med kragen først, så linning og ermer, deretter bol og så gå over erme og krage til slutt, og deretter hengd du plagget på hengjar.

I vaskekjellaren kom det etterkvart Milo og ny Blenda, OMO, tørketrommel og heilautomatisk vaskemaskin. Strykejerna fekk termostat, og det kom crimplene og meir strykefrie klede.

 For spesielt interesserte: Under research fann eg dette om vaskemaskina produsert i Bjørsvik https://digitaltmuseum.no/011022819345/vaskemaskin:

Om du bevegar biletet, finn du fleire bilete av maskina og tilbehøyr!

Lemmen

-Prøv å skyve nøkkelen litt lenger inn! Eg ropa høgt inn gjennom omnsrøyret. - Eg klarar ikkje, kom det med fortvila røyst frå

innsida. Eg strekte meg enno litt til, og såg sotmerka oppetter armen. Der nådde eg han, nøkkelen, og kunne låsa opp for redde småsøsken. Dei skulle vera store, og låse oss ute. Så gjekk døra i vranglås.
Lemmen var soveplass og leikeplass dei første åra etter me flytta til Flossvika.
Vil du vere med opp dit? Me hadde altså lem i nyahuset. Den gjekk tvers av huset på lengda, og hadde eit stort vindauge på midten med utsikt over fjorden, Kråka og Fyllingsnes. Det var skråtak i begge endane. Veggane var i ståande, lakkert panel, og det var ei rund kule i taket, lys for heile rommet. I byrjinga var det 3 skuvsenger, seinare kom det køysenger ved veggen tvers overfor døra, og ei ordentleg vaksen seng til på andre sida av glaset. Der låg eg som var eldst.
. Vi hadde omn, og innebygd garderobeskap med heimesnekra hyller, ei hylle til kvar og ei felles, i tillegg .Det var eit skap med stong til å henge klede på hengjarar, eit lite speil på veggen. To " kommodar" med 2-3 hyller, laga av dynamittkassar som far hadde tømt og spikra saman, stod attmed veggen. Der låg leikane. Dokker, som ikkje var verdige til å liggja i dokkeseng eller vogn, bilar, båtar, heimesnekra båtar og bilar, fargar, teiknesaker, skjel, kongler, steinar og skyteledning, alt ungar kunne finne på å samle på.

Dei minste søstrene låg i køysengene, og den eldste øvst, Du klatra på kortsida for å kome opp, for trappestigar var ikkje oppfunne enno. I byrjinga hadde me ikkje lys anna enn i taket, og mor kom opp og sløkte lyset. Eg hadde smugla med meg lommelykt, og låg og las under dyna. Det var strengt forbode, for eg kunne få dårleg syn, sa mor. Men boka var spanande, og kvelden ung, så eg las. Oppdaga vart eg eit par gonger, og eg fekk kjeft og lykta var konfiskert, men ho var jo mi, så eg fekk ho jo tilbake, og når ho først låg i dynamittkassa, var fann ho snart vegen bort att i senga mi.

Etterkvart kom syster nr. 4 opp til oss og, for tvillingane var på veg. Ho fekk plass i skuvseng attmed vindauga, og senga mi vart skove bort i kråa. Eigentleg ganske greitt, men då gjorde eg opprør mot å leggje meg like så tidleg som dei minste, og ettersom eg var stor og hadde lært meg regla om at når du er 8 år legg du deg klokka åtte, og så vidare, så fekk eg vera lengre oppe, og høyra ynskje-konserten, laurdagsunderhaldninga i Store Studio og andre viktige program, før eg tusla opp trappene og fann senga. Dei andre hadde sovna, og eg var stille, for vakna dei, fekk eg kjeften. Eg hadde no avansert til å få leselys over senga, og ein krakk til nattbord. Der låg det Donald og bøker lånt på skulebiblioteket, og der stod den gamle vekkjarklokka etter mor og far, som eg høgtideleg drog opp før eg la meg. Ein eller annan vakna alltid før ho ringde, så i praksis hadde ho liten verdi, men gav status.

Mørkaloftet

Mørkaloftet var bak ein glugge i taket på utelemmen. Det var spanande og kanhende ikkje heilt ufarleg å krype dit opp, ettersom du kunne risikere å ramle ned troppa heilt til første etasje. Derfor var det helst Flossvikas svar på Tarzan(les Britt) som klauv dit. Det var spanande der oppe. Halvmørkt, med gamle kledeplagg, bøker og andre ting som ikkje var i dagleg bruk, men for gode til å kasta. Det var ikkje lagt golv der, så du måtte balansere på tverrsprossene, elles kunne du gå gjennom taket, sa dei vaksne. Eg var vel så lett at det hadde gått greitt, men eg passa meg jo, og steig på sprossene.
Skorsteinen gjekk gjennom loftet og ut, og det gjorde det varmt og lunt vinterstid. Av og til hang det fisk til tørk der oppe, eller mor hadde hengt eit par fenalår eller ei spekeskinke der. Eit år hang det ribbe attmed skorsteinen.
 Mor førde rekneskapen for far, og billaga skulle oppbevarast i ti år. Dei låg på høgre sida, klede bak skorsteinen, bøker på venstre side, og diverse lampar og andre bruksting

som ikkje var i bruk, men for godt til å kastast, på andre sida.

Etterat eg hadde teke ei oversikt og forsikra meg at alt var der det skulle, sett på klede og rota litt i gamle bøker , fann eg fram lommelykta og den spanande boka eg hadde lånt på skulebiblioteket, og så hadde eg ei freda stund der oppe, langt frå mindre sysken og mor, som så altfor ofte hadde eit gjeremål til meg om ho såg meg. Det kunne nok hende eg hadde med meg litt rosiner, eller tok meg eit lite flak frå fenalåret, enno det var strengt forbode!

Saman med *Gulliver* på reise, eller med *Heidi* i dei sveitsiske alpar, saman med *Lord Fountleroy* eller i den *Løyndomsfulle hagen* gløymde eg meg bort, og høyrde ikkje omverda. Det skulle meir enn roping til for å få meg ut av fantasien si verd.

Når eg så kom ned att, full av dårleg samvit over å ha lurt meg bort ei rid, og kanhende også ete forboden tørka mat, var eg ekstra snill mot småsysken, eller gjorde plikter utan å mukka. Så letna samvitet, og eg vart meg sjølv att.

Etterkvart fekk me stigetropp opp til lemmen, men når stigen stod der, vart det lettare å sjå at nokon var der, og yngre søsken kunne og klatre i stige. Så då hadde me heller ekspedisjonar saman, såg på gamle kladdebøker og prøvde klede.

Då eg tok til å bli vaksen, vart loftet invadert av flaggermus. At desse myteomspunne, blodtørstige skapnadene kunne invadere tilfluktsstaden min, og skite han ned, kjendest som eit brotsverk, ei kriminell handling. Eg såg dei føre meg der dei hang, mykje større enn dei i røynda var, klar til å bite kvar som stakk hovudet opp luka. Sjølv lenge etter foreldra mine hadde tetta inngangane og fått ut ekskrementa, sat kjensla av svik att. Barndommens magiske mørkeloft var borte for all tid.

Tekniske hjelpemiddel for husmora
Tekniske dupedittar har alltid fascinert meg. Eg trur eg er arveleg belasta, ettersom far min også var svært interessert i alt nytt, så elektriske nyvinningar kom tidleg i heimen vår.

Tankane går tilbake til barndommen. Når du skulle opne hermetikkboksar, kunne du ikkje setje eit støpsel i stikkontakten og trykkje på ein knapp for å opne den, ei heller kunne du setje opnaren i eit hol og skru på ein tapp. Nei, du måtte lage hol, og så bevege kniven framover med handmakt.

Piske krem eller eggedosis? Du bruka visp, eller etterkvart hjulvisp. Ikkje noko handmiksar, i min barndom. Den kom litt seinare, på 60-talet i min heim, og du under, kor lettvint det plutseleg vart å vispe krem, eggedosis eller lage kaker.

Pålegget stod i kjøkkenskapet. Det du var redd skulle bli surt, bar du i kjellaren, ned trappa og inn i spiskammerset der. Der stod osten sommarsdagen, elles vart han pizzaost i skapet oppe, berre det at vi ikkje visste kva pizza var, men svett goudaost det kjende me til. Mjølka måtte i kjellaren, og stod på kjellargolvet, for der var det kaldast. Elles vart ho sur, og all middagsmat som ikkje var røykt, salta eller turka måtte og i kjellaren.

Før kvart måltid henta du opp det du trengte, og etter kvart måltid tok du kjøkkentrappene fatt med det som skulle stå kaldt. Så du verda, då kjøleskapet kom på kjøkkenet, og du kunne henta deg kald mjølk der, og måtte ta ut margarin litt før du skulle ete, så han vart mjuk, og skar ost utan svettperler i sumarvarmen, då var framskrittet langt kome. Isbitar i safta kunne me lage, dersom me fraus vatn i terningar, og hadde dei oppi glaset! Det var velstand! Inga sveitt fårepølse eller skjemd servelat lenger!

Frysar hadde me heller ikkje. I min tidlegaste barndom hermetiserte mor kjøttkaker og kotelettar, som vart oppbevart i kjellaren, og elles vart helst kjøtet og fisken salta, tørka og røykt.

Som eg tidlegare har skrive, hadde onkel Ingebjørn utleige av fryseboksar på Eikanger, og då kunne vi anten hente kjøt når vi reiste innom, eller han tok det med når han leverte varer laurdagskveldane.

Så fekk vi fryseboks i kjellaren! Å du hendes mirakels! Plutseleg kunne du

hente middagsmat or frysen, tine fisken eller kjøtet, hente opplaga fiske- eller kjøttkaker frå kjellaren! Du kunne lage opp middag til fleire dagar, og fryse han inn til seinare!

Vi kjøpte iskrem, og båtisar og kroneisar låg freistande der nede i boksen i kjellaren, og me tok dei opp til dessert, eller når det var behov for noko godt i sumarvarmen. Før var det å skunde seg heim i full fart slik at isen ikkje skulle smelte, og så var det å samle alle og fortære pinneisen raskt. Nå sat vi på troppa i ettermiddagssola og sleikte is og kosa oss, og syntest at vi hadde kome langt i utvikling og velstand. Eg trur ikkje 2 og 3 liters- boksane med is hadde kome i sal enno.

Mor baka brød, men kjøpte og ein del. Ho sette brøddeigen i eit brunt stort steinty- kjærald, og måtte elte han for hand. Det var tungt arbeid å bruke hendene og kna inn mjølet i den store massen. Ho laga fire brød

67

om gangen, og la dei i langpanna og smurde
smør mellom dei så dei ikkje skulle feste seg
til kvarandre. Det var godt med nybaka brød,
helst med sirup, som me elles ikkje fekk
bruke på skivene. Det gjekk nok ekstra mange
skiver når brøda nett var kome or omnen.
 Så kom den første Kenwooden til hus, ein
gong i byrjinga på 60-talet. Med mange
funksjonar, som elektrisk kjøttkvern, visping
og elting. Brødbakinga vart ein leik! Ein vispa
ut gjæren, og så hadde ein ingrediensane oppi,
og maskina laga ferdig deig.
Lage fiskekaker, male kjøt berre med hjelp av
elektrisitet, og sleppe å snu sveiva til
kjøttkverna.
Eg synest ikkje alt var betre før. Dei elektriske
innretningane og maskinane har gjort dagleg-
livet mykje lettare, særleg for husmora.

17.mai
17. skreiv eg om i første boka mi, men her er
ein ny og utbetra versjon, om slik me feira
dagen i ungdomshuset på Leiknes.
Men dagen starta litt før. Me lærde om dagen
på skulen, om 1814, då me fekk grunnlova og
vart fri frå danskjen, om Henrik Wergeland
som stifta dagen, såg svartkvittbilete av 1905
då kong Håkon vart kongen vår og steig i land
på Honnørbrygga i Oslo med vesle kronprins
Olav på armen. Me lærde om tyskjen som tok

landet i frå oss, og gleda over å vera fri att. Det var jo berre 8-10 år sidan.

Men førebuinga fortsette. Me teikna norske flagg etter mål, og prosesjon og vårlauv. Me lærde *Vi ere en nasjon vi med*, og kjende byrgskapen over å vere ein del av dette landet. Me var ikkje utanfor, men med! Så lærde vi utanåt *Gud signe vårt dyre fedreland* og" *Fagert er landet*, og det seig inn at- vil Gud ikkje verja folk og land, kan vaktmann oss ikkje tryggja," ein lærdom som sit enno. Vi lærde *Ja vi elsker*, alle versa, og dermed identifiserte vi oss med den sterke historia, Noregshistoria i kortform.

Vi var ute og marsjerte, stilte opp to og to, og lærde korleis ein gjekk i prosesjon, å halde plassen i toget, og gå nokolunde i takt. Flagga skulle haldast høgt, og ikkje subba i grusen! Vi kunne gå i tog då dagen kom.

Mødrene våre førebudde festklede, og det gjævaste var jo om me jentene kunne gå i bunad, eller nasjonal, som det heitte i min barndom. Med faldeskjørt, vest, skjorte og forkle, belte og brystduk. Ein heimelaga variant av Hardangerbunaden, men du kor fine me kjende oss! Eg hadde arva ein brystduk med nokre perler på, og fekk etterkvart mor sitt perlebelte. Du verda kor fin eg kjende meg den dagen! Men ho som strauk 4 skjorter og 4 forkle, og syrgde for at nasjonalen passa frå år

til år, ho hadde nok ei kort natt mellom 16. og 17.mai.
Me hadde kvite strømpebukser og sløyfe i håret, i alle høve dei første åra. Seinare fekk Anne og eg perlebroderte huver til bunadane våre. Då var me enno finare!
Bygda var etter gamalt delt i to dalføre, og heitte Dalebygden. Seinare, etter 1949, vart ho knytt til Hillesvåg med bru og veg, og dei som budde der vart tettare knytt til det som føregjekk på Leiknes.
Men fjorden var framleis viktig for kommunikasjonen, og me høyrde til kommunen Hamre, som låg på båe sider av Osterfjorden
Så dei dagane det var gudsteneste ved Hamre kyrkje, var det mange som reiste dit først, og så tok prosesjonen til når folk kom heim att. Seinare starta han i 11-12 tida, og gjekk anten frå Mundal og til ungdomshuset, eller frå Hodnesdalen og til ungdomshuset.
Den som bar flagget stod fremst, så stilte skuleungane opp, klassevis, og til slutt kom dei vaksne under fana til ungdomslaget. Det hende einkvan spela trekkspel, og ein gong sat spelaren til og med på ein stol på lastekarmen på ein bil, men stort sett var det lokale songarar som starta songen, og me andre fall inn. Me kunne jo songane! Tre gonger tre hurra ljoma, spesielt når vi møtte dei som var seint ute til prosesjonen, og barnevogner og

eldre som slutta seg til toget dei siste hundre metrane.

Flagga vaia, og nysprunge lysegrønt lauv kransa dalen, og kvitveisen og engkarsen blømde. Dei sette ei vakker ramme om dagen. Målet var altså ungdomshuset, eit lite hus ikkje langt frå kaia, bygd på 30-talet, med lakka veggar og golv, med ein liten gang til å henge frå seg klede, kjøkken i kjellaren, ei lita scene og utedo.

I våre dagar eit lite uanseeleg hus, den gongen stort og innhaldsrikt. Det var pynta for høvet, med avhogne ungbjørker kring inngangsdøra, og små norske flagg i kross i lauvet. Den vesle gangen til å henge frå seg klede i hadde to -tre trebenker utan ryggstø, og inne i sjølve salen var det pynta med bjørkelauv, flagg og ungbjørk.

Dei fleste sat på trebenker utan ryggstø, men så vid eg hugsar var det nokre benker fremst som hadde rygg. Ei lita trapp leidde opp til scena, der det var duka bord kring 3 av veggene, med kvit papirduk og norske flagg. På andre langveggen var det trapp ned til kjøkkenet, som var i kjellaren. Der koka dei rømmegraut eller ertersuppe, alt etter som menyen var det året. Angen av nytrekt kaffi siva etter kvart ut til folket i salen.

Det var program, med *Ja, vi elsker*, *Fagert er landet, Gud signe vårt dyre fedreland* og *Å, eg veit meg eit land*, og enno fleire. Ein og annan gongen underheldt skuleungane, eller nokon las dikt. Ja, så må vi ikkje gløyme prologen, skriven av lokale diktarar og lesen med skjelvande stemme og mykje fedrelandspatos. Talen for dagen var lang og innhaldsrik, med tilbakeblikk på den stolte Noregshistoria, på tyskjen og hans fall, og gode voner for framtida. Ispedd litt fromme tankar om Vårherre om talaren var frå den kanten, eller litt meir allment framtidsvon om talaren var frå frilyndte krinsar. Så avslutta me med 3 gonger tre hurra, og eit leve for konge og fedreland, og meir song og dikt.

Det tok lang tid. Me ungane tykte det, og venta på slutten av programmet. Men me var godt oppdregne, så det var berre dogang som var god nok grunn for å gå ut. Men om ei <u>skulle</u>, så var det fleire som fylgde for selskaps skuld, og for å passe på at ingen kom uventa inn på utedoen. Det var utedo, med hol, fluger og lukt og tynt dopapir, som det seg hør og bør. Vi gjekk vel ikkje alltid raskaste vegen inn att, heller.

Så kom serveringa, der dei vaksne sessa seg rundt borda på scena, og vart servert frå kjøkkenet gjennom ei luke under scena. Me ungane hadde brus med, og Tomkjeks. Ettersom eg vart eldre, vart det meir vanleg å kjøpe både is og brus.

I 1956, det året tvillingane vart fødd, sydde mor bunad, eller nasjonal, til dei fire eldste .Ho kjøpte blondar i byen, og sydde 4 skjorter og 4 forkle. Me fekk like nye sko, brukte foldeskjørt, og Synnøva Mundal sydde 4 liv.

Eg arva brystduken etter mor og perlebeltet etter tante Stina. Med søljer på. Anne har den einaste sølja i halsen, og dei 3 minste har sløyfer i håret, som det høvde seg ein slik dag. Det er teke eit bilete frå den store dagen utanfor ungdomshuset, og viser labbar utanpå strømpene og ålar i sokkane. Men fine var me!

Når maten endeleg var fortært, starta leikane. Ungdomshuset låg tett ved vegen, og han brukte me til dei ulike aktivitetane. Det var ingen bilar som køyrde att og fram i den tida. Det var vel 2-3 bilar i bygda i det heile.

Vi brukte vegen når me sprang 60 meter på tid, hadde stafett gutar mot jenter, og dei vaksne sprang og. Så trekte me tau, først gutane mot jentene , og seinare dei vaksne. og det var om å gjera at ikkje laget vart trekt over midtstreken. Eit år var det fotballkamp med utkledde spelarar, der dei involverte braut regel etter regel, til stor glede for tilskodarane. Størst jubel vart det då ein tok ballen i skjørtet og bar han i mål!

Vi gjekk på stylter, hoppa lengde og høgde, og kosa oss med resten av brusen og kjeksa. Det var premieutdeling, der alle fekk premie, men første- og andrepremien alltid var litt gjevare. Kanhende eg hugsar det så godt fordi eg alltid fekk trøstepremie. Eg var ingen atlet(-inne)

Ei høgtideleg avslutning inne i huset, med litt underhaldning og allsong, sjølvsagt songar om fedrelandet og historia vår, og Gud som passa på oss.

Det var feiring i dei to bedehusa på kvelden, og av og til dans i ungdomshuset.

Men for oss barna var dagen slutt. Vi gjekk heim, slitne og trøytte, men tilfredse etter ein lang dag.

Dagen fortsette den 18, i alle høve for den som hadde skule. Me gjekk i nasjonal på skulen den 18, og hadde med saft, brus og kjeks. Me leika litt 17. mai i friminuttane, og tok såleis vare på dagen litt lenger. 17.mai var trass i alt ein dag vi hadde gledd oss til lenge!

Seinare fekk eg bunadshuve frå Hardanger-bunaden. Men sølje fekk eg ikkje før til konfirmasjonen. (Dette var før Norhordlandsbunaden vart teken i bruk).

Fin i bunad!

Ein liten bror

Det var småfolk på gang heime, enn ein gong.
På den tid var ingen veg gjennom Mundals-
berget, så vegen til Bergen var framleis med
båt, eller med bil om Kleivdal, Seim og til
Knarvik i det Herrens år 1962. Men nattferjer
var eit framandord, så venta du små, og
doktoren meinte at du burde fø på sjukehus,
som dei fleste gjorde, så var løysinga
sjukehotell dei siste vekene eller dagane før
termin.
Så mor reiste til Bergen, tok inn på sjuke-
hotellet, og dei heimeverande heldt fortet.
Inga sak, forresten, for me hadde ei vaksen
dame frå Eikanger til hjelp, så me ungane fekk
mat, klede og tilsyn som det seg hør og bør,
sjølv om far i huset var mykje borte i vekene.
Men ungen let venta på seg, og det vart både
rikstelefonar og brev før han endeleg kom.
Eg hugsar ikkje så mykje frå den første tida,
truleg fordi eg hadde byrja på realskulen og
var lite heime, men eg hugsar at gleda var stor
over enno ein veslebror! Eg stal til og med
biletet av den nyfødde med meg på skule-
bussen, og viste det fram til alle. Ein av dei eg
synte det til hadde 10 søsken. Eg hugsar han
snøfta forakteleg, liksom ein ny unge var noko
å gle seg over! Men gleda vår var ekte, og me
gledde oss over både å stelle, trille tur og
etterkvart ta gromguten med ut i den store
verda.

3 månader gamal var han på påskeferie i
Husdalen. Me køyrde nok Toyota Hiache då
som før, med plass til 3 lovleg, og litt til i
førarhuset, og resten plassert på hagebenk i
lasterommet. Det var mykje som skulle med,
klede, ski, mat, og alt som trongs for ein
familie på ni som skulle vera der 5 dagar,
Eg trur stefar min var oppe med ei ladning i
palmehelga, og. Kven som skulle passa
bensinpumpene, hugsar eg ikkje, men nokon
var det vel, om me ikkje hadde stengt
helgedagane.
Bilturen gjekk om Fyllingsnes og gamle vegen
forbi Askvik kapell, med den bratte svingete
vegen ned til kaia på Bjørsvik. Lengre, og
meir kronglut enn i dag. Der parkerte me, og
så var det å få på seg ryggsekkar i ulike
størrelsar, og vesker og nett i hendene, og start
oppstigninga til Stemma, som var steil, steinut
og til dels glatt. Det vart vel fleire turar på
nokre, før alt var kome opp til vatnet.
Dei fleste av oss gjekk frå Bjørsvik, gjennom
Oslia, som den gong var brattare og hadde
meir svell enn i dag, og ein såg vel ned dei
brattaste stadene, bad ei bøn og kravla seg
vidare. Frå vatnet var det kjerreveg til
Husdalen, steil den og, men enkelt å gå.
 Mor måtte og gå opp til vatnet, med veslebror
og hadde sjølvsagt god hjelp av stefar. Der
vart dei frakta over vatnet, saman med gamle
tante Brita som oia og bar seg over at robåten

var tungt lasta. Ho var vel redd at siste timen var komen. Kva mor tenkte, teier historia om. Veslegut sov vel i bagen sin, tenkjer eg.

Ved vatnet venta hest og vogn, og dei sat på høyvogna opp til husa, medan hesten drog dei og ein del av pargaset. I Husdalen var det stinn brakke, med tilreisande onklar og tanter med familie, og kjempekjekt for oss ungane, med mange nye bekjentskap, og mange å leike med for dei minste. Eg reknar med at me var minst 20 i huset til stefar min, for alle var jo van til å ta inn der, hjå den tidlegare ungkaren.

Me ungane hadde ei stor tid. Husdalsfolket leika seg, både ung og gamal, og det var Svarteper med sot på nasa, tikkjen rundt husnovene og mykje anna, der både onklar og tanter var med. Mange til bords, der eg trur me dekka på to bord i storastova, og oppvasken gjekk på omgang, etter att vatnet var varma på den store vedkomfyren på kjøkkenet. Me gjekk på ski om dagane, og nokre var på skitur på fjellet.

 Veslebror vart beundra og handsama som det 7-ande underverket han var, og fekk mykje merksemd, ettersom han så desidert var den yngste i sin generasjon. Ho mor har vel i ettertid ymta frampå at det vart vel mykje folk og åtgaum, og vel trongbudd, så ho var nok lukkeleg når helga var over, og kunne setja seg på høyvogna, og gjera vendereis over Husdalsvatnet.

Veslebror var med på det meste. Men fordi eg
var på spranget ut frå heimen, hugsar eg lite
frå kvardagen med han. Men han tok opp
att tvillingane sin køyretur med leikebil lasta
med havregryn eller rosiner frå kjøkkenet og
inn i stova og bak sofaen. Der vart bytet
fortært.
Han strekte seg mykje mentalt, som alle
attpåklattar, og mor fortalde at det var som han
senka skuldrene når dørene slo att etter
sistemann som for på skulen. Då kunne han gå
over i eit rolegare univers, med barnetime,
leike med bilar, puslespel og Lego, og ikkje
minst ha mor for seg sjølv.
Skjønt, for seg sjølv var vel litt mykje sagt.
Folk kom og skulle kjøpe bensin, og mor flaug
ut og inn.
Det var kledevask, stell av tøy og matlaging til
ein stor familie, så ho sat vel ikkje akkurat
attmed han, heller, sjølv om ho var der.

Hus og varmekjelder
Når nettene blir lange, og kulda setter inn..
Husa var bygd annleis, og det var ikkje trelags
vindaugo og isolasjon i veggene. Treullplater
og sagflis var vanleg isolasjon i nye hus på 50-
talet, og doble vindauga var regelen, og så tok
du ut det eine laget om våren, og sette det inn
att om hausten.

Ein fyrte med ved, og brukte elektrisitet til å ta toppane, for straumen var dyr.

I min tidlege barndom fyrte ein med koks og ved, og eg synest å hugsa at ein brukte ved til å tenne med, deretter koks , og kol oppå det, når ein hadde fått skikkeleg varme. Begge delar kjøpte me i sekker, og henta inn frå skykkja i koksboks, og så brukte me ei lita skyffel til å kasta koksen inn i omnen.

Men det langt vanlegaste var ved, som det var rikeleg av i alle utmarker og på alle haugar. då som no. Bjørkeveden var rekna som den beste, og bruka når det var verkeleg kaldt, medan older var kvardagsveden, saman med litt gran og furu, men ho var det ikkje så mykje av på min del av Vestlandet.

Ein felte treet, saga og kløyvde det. Heime kjøpte vi helst ved, men når han kom til hus, var det alle si oppgåve, også ungane, å bere inn og stable i skykkja. Nokre famnar ved var vanleg å ha, så ein kunne sjå vinteren trygt i møte. Når ein hadde forskalingsplankar eller anna tre som ikkje var i bruk, vart det saga og opp til ved. Til å nøre opp i omnen brukte me never om me hadde det, eller hogg små fliser som ein brukte til tennved eller kveiksle.

Ein må heller ikkje gløyma hun, brenneved av oppkappa bakhun frå sagbruka, som vart saga opp og brukt i omnen når det ikkje var for kaldt. Bestefar hadde sag, og det hende far henta eit lass hun hjå han, og saga ho opp sjølv.

Så kom oljekomfyren! I vårt hus kom han på slutten av 50-talet, som kombinert olje og vedomn. Me brukte vedomn så lenge det ikkje var for kaldt, og gjekk så over til olje. Det var eit herk å fyre den opp, og endå verre dersom det var noko i vegen med veiken. Då vart det kaldt, då! Men stort sett brann det, så sant me hadde fylt opp den 20 liters tanken som stod i trappegangen. Det var ofte dei eldste ungane som fekk æra av å sørge for påfyll på han. Då måtte me tappe frå oljefatet som stod ute, og slå over i innetanken. Når alarmen gjekk at det var lite på tanken, var det berre å sleppe det ein hadde i hendene, finne oljekanna og fylle opp! Vanlegvis var det ikkje varme på soveromma i 2. etasje, men overskotsvarme gjekk jo opp om dørene stod oppe. Men me la oss på kalde soverom. Ofte brukte me varmeflaske med gloheitt vatn frå springen, og tulla den inn i eit handkle. Då var det godt og varmt i senga, som i tillegg sjølvsagt hadde ullteppe om vinteren. Om det var riktig kaldt, sette mor på elektrisk omn som varma på soverommet vårt. Men den stod sjeldan på om natta, så då måtte me hutrande ta kleda med og gå ned og kle oss på badet eller framom omnen i stova.

Me brukte mykje meir ull om vinteren. Ullsokkar, strømpebukser, leistar, og ikkje minst ullgenserar og trøyer. Ser du bilde frå 50-talet, har alle strikkagensarar og -trøyer. Det var måten å kle kulda ute på. Me fraus ikkje!

Fiskebilen

Tut, tut...No kjem fiskebilen! Eg ropte det ut,
og mor fekk på seg raffane og sprang ut. Vi
ungane skynte oss etter. Det var onkel
Ingebjørn i Eikangervåg som selde og kjøpte
fisk frå brønnbåt på kaia i Eikangervågen, og
la dei i kassar med is. Så køyrde han ruter på
dagen. Først køyrde han sjølv, men etter kvart
hadde han to sjåførar som køyrde for seg.

Han var grytidleg oppe. Ruta vi var på tok til i
Eikangervåg, og sidan dette var før vegen over
Fyllingsnes hadde komme, køyrde dei om
Høylandsmyr, Vaet og til Hjelmås, før dei
kom fram til Leiknestangen.

Bilen stoppa utafor huset, og tuta. Då visste
me at no var det fiskesal.

Utvalet var torsk, sei, hyse, av og til
lange, kveite, flyndre og stundom røykt
blåkveite som var røykt av onkelen min i det

lokale røykeriet hans. I tillegg var det salta
fisk, lettsalta og salta på bilen. Sild og makrell
i sesongen for det, likså lever og rogn.

Mor var nøye på fisken. Blaut halvdaud fisk
var ikkje god vare, så ho saumfor fisken før ho
kjøpte.

Heimelaga fiskemat var det og, både
fiskekaker og fiskepudding. Dei var laga av
Magda, tanta vår. Ho mol fisk og steikte
kaker og pudding som var på bilen dagen etter.
Ingen kunstige tilsetningsstoff der i garden!
Det var fisk, mjølk, egg og krydder i
fiskematen. For oss ungane var dette det
beste, for vi fekk smaka nylaga kaker når mor
kjøpte dei. Det var snop!

 Kjøleskap hadde me ikkje, så det var å lagre i
fisk og fiskemat i kjellaren. Innkjøp til meir
enn 2-3 dagar var ikkje aktuelt, om ikkje ein
kjøpte saltafisk, då.
Seinare tok dei til å selja frukt på fiskebilen.
Då vart det gjerne eit eple til kvar av oss
ungane.
Fisken vart betalt kontant, i sjeldne høve
skrive til neste gong.

Fiskebilen hadde og ein sosial funksjon.
Sjåføren fortalde nyhende, og gav seg alltid tid
til ein liten prat. Så reiste bilen vidare, og tuta
utanfor neste hus. Ny fiskekjøparar var på veg
ut.

Sjåføren var ei tid og frå
Leiknes. "Svingen" var ofte på kaia i
Eikangervåg klokka seks om morgonen,
hjelpte til å lasta fisk frå brønnbåten, lasta
bilen, køyrde ruta , og returnerte til
Eikangervåg, lasta av bilen og reiste heim til

Leiknes att. Lange dagar, men han klaga ikkje
for det.

Fisk kunne ein få på andre måtar og . Ein
kunne fiske den sjølv, eller kjøpe hjå naboen
som fiska. Grytidleg på morgonen kunne også
ein kome på kaia, der fiskarar la til for å selje
litt av fangsten frå natta.

Men dei fleste handla nok på fiskebilen. Eg
trur han kom på ein fast dag ein gong for
veka. Det hjelpte nok til for å variere kosten,
og gjere kosthaldet sunt i ei tid utan kjøleskap.

Brødbilen

Vanlegvis kjøpte me brød på butikken, eller
mor baka sjølv.

Men etter kvart vart det brødbil på bygdene.

Den første som starta opp, hadde bakeri på
Hjelmås, i Pittersburg. Pittersburg var
bygdenamnet på eit vertikaldelt utleigehus
bestefaren min sette opp, og i kjellaren på
huset vart det bakeri. Eg hugsar ikkje kva
bakaren heitte.
Eg trur dei køyrde rute til Leiknes, Hodnesdal
og Hopsdal to gonger i veka, og reiste då
innom og oppom dei fleste avkrokar på sin
veg, så Sætre og Sjauset fekk og tilbod om
fersk brød.

Signalet på at dei stod utanfor huset var tuting
med fløyta, for å bruke fløyta var varsel, og
ikkje berre faresignal i den tida. Igjen var det
å få på seg skor og flyge ut.
Brødbilen hadde ikkje så stort utval, men på
den tida var det storveges, med vitten,
siktebrød, langebrød, frøbrød og kneip.
Etterkvart kom det også grovbrød, som etter
det eg hugsar var finare enn grovbrødet no.
Brødet låg i kassar, og når du kjøpte dei, vart
dei pakka inn i brunt papir og etterkvart
posar.
Men det store med brødbilen frå ungane sin
synsstad, var at dei hadde skillingsbollar! Det
var ikkje dei små knurpane som no feilaktig
vert kalla så, men store skillingsbollar 20-25
cm i diameter, med kanel i svingane og sukker
på toppen! Dei var så store at dei minste
ungane måtte dele, men vi som var størst sette
vår ære i å klare ein heil. Ferske, med rikeleg
sukker og kanel gleid dei ned i ein svolten
mage. Det var nonsmaten den dagen.
Elles hadde dei tebrød, tebrødstenger og
butterdeigsbollar, men dei var ikkje så
gode. Alt dette var og dyrare, og ingen
kvardagskost.
Seinare vart det utkøyring ein gong for veka
frå bakeriet til Rognaldsen i Alverstraumen.
Dei hadde omtrent same utvalet som var
nemnt tidlegare. Dei køyrde ruta om Kleivdal,

til Hillesvåg, Leiknes, Hodnesdal, Mundal og Hopsdal.

For husmora var dette eit brot på kvardagsrutinane når desse bilane kom. Ein fekk snakke litt med vakse folk og høyre om kva som hende på bygdene. Sjåførane sette pris på kundane, og gav seg tid, og fortalde nyhende og skoser, og skrytte litt av det kjerringane heldt på med.

Det var og ein lette i matstellet å få brødet på døra, for det tok både tid og krefter å elte og bake ut for hand, og steike alle emna, og alt mjølet skulle også fraktast frå butikken og heim på førehand. Men me ungane gledde oss når mor hadde tid til å lage heimebaka brød og bollar.

Men det aller beste brødet var likevel Martens langebrød, baka i hos bakar Martens i Bergen, og sendt med rutebåten innover til Osterfjorden. Ho mor kjøpte ein del av denne delikatessa på butikken attåt anna brød, og me gassa oss med dei ferske brødskivene og nytte dei til siste skorpe. Hadde me leverpostei frå Stabburet, og tomat og agurk oppå skiva, var kosen fullkommen. Skivene gjekk ned!

Vekking i Nordhordlandsbygdene
I fjerde klasse hadde vi handarbeid for første gong. Det var i bedehuset, ein månad om vinteren, og småskulen hadde fri. Vi gjekk

saman med 5, 6 og 7. klasse, og det var
spanande å vera med dei store. Dei sydde seg
kjolar og drakter, og strikka store plagg,
medan vi heldt på med handarbeidsposar og
vottar. Dei prata om vaksne ting, synes
me. Den eine vinteren gjekk det vekking over
bygda, og det prega også samværet på skulen.
Dei eldste gjekk på møter, og nokre av dei tok
imot Jesus og endra livsstil. I staden for
slagarar vart det sunge bedehussongar, og me
yngre song med. Det var tale om kva som
gjekk føre seg på møta, og alle vart vi vel meir
oppteken av det åndelege den vinteren.
Eg hadde songmøter på lemmen, og lærde opp
yngre søsken i song og møteteknikk. Søster mi
song *Han er tofast i går som i dag*, med atonal
stemme. Det var elles ikkje så mykje vi fekk
lov til å gå på dei ordentlege møta, men vi var
på gudstenestene, og masa oss til eit og anna
bedehusmøte i øvre bedehuset, der indre-
misjonen helt til. Vekkinga låg over bygda, og
det var og mange møter på Betel, hjå
pinsevennene. Der fekk ikkje me gå.
 Vekkinga endra mange personar, og vaksne
folk bøygde seg på bedehuset og endra livsstil.
Det vart nytt liv i songkoret, og dei øvde inn
nye songar. Fleire vitna på vitnemøta, og folk i
bygda gjekk på møter. I indremisjons-
bedehuset var det nok, medan dei som gjekk
til pinsevennene vart døypte som ein del av
livsendringa. Det kunne gå sterkt føre seg, der

folk slutta å gå på dans og røyke, og det gjekk gjetord om han som tømde ut heimebrent-kaggen som ein del av snunaden i livet.
Far hadde bil som kunne brukast til å køyre folk, når han sette på overbygget og sette inn buss-setene. Særleg pinsevennene reiste omkring, og møta var både ei veke og fjorten dagar på same staden. Det var møter på Seim, Fammestad, Rødland og Nappane, og folket reiste trufast på samlingane. Far køyrde, og det hende at det var så mange som ville vera med at nokre stod igjen. Det var song på bilen og, med forbøn og åndelege samtalar. Vel framme gjekk dei fleste inn på møtet, men ein god del ungdom var utanfor, diskuterte, kjekka seg, og let som dei ikkje var interessert i det som gjekk føre seg.
Nokre evangelistar blant møtefolket kom ut og snakka med dei ufrelste, og rett som det var, vart det nokon av ungdommane som vart med inn og bøygde kne, og omvendte seg.
Mange av pinsevennene arbeidde i Udlavågen, og dei reiste på møte på kveldane og arbeidde om dagen. det kunne vera stridt, så ein dag kom sjefen over ein av arbeidarane som sov i udlahaugen. Sjefen meinte at mannen burde jobbe, men han innvendte: - Eg trur Vårherre unner meg søvnen.
Eg trur ikkje far tok så mykje for å køyre , ei eller to kroner for turen. Han gjekk ikkje inn på møta, men hadde stor respekt for det som

gjekk føre seg. Så venta han til folk var
ferdige, også med ettermøtet, og så køyrde han
om Hjelmås, Hillesvåg, Leiknes og Mundal,
slik at alle skulle koma heim att. Neste
morgon var han oppe att til vanleg tid, og
køyrde på arbeid.
Bedehuset på Fammestad vart bygd etter
denne vekkinga, og har hatt kriste arbeid heilt
fram til i dag.

Konservering

I våre dagar kjøper ei heimelaga syltetøy frå
Lærum, eller finn bær i kjøle- eller frysedisken
hjå kjøpmannen når ein treng det.
I min barndom hadde nesten alle bærtre i
hagen. Solbær, rips, bringebær og stikkelsbær
var dei vanlegaste, men kirsebær var og i ein
del hagar. I tillegg plukka ein ville bær om
hausten, mest blåbær og tytebær. Det var ein
del av matauken, og viktig for å få
matbudsjettet til å gå i hop.
Mor og far sette bærtre med same dei flytta
inn i nytt hus, og dei første åra verna mor om
bæra og handsama dei som veldig verdifulle.
Dessutan plukka ho bær hos bestemor, og av
og til hos tante og onkel, eller andre naboar
som hadde hatt bærtre lenge, og dermed hadde
for mykje. Me ungane var med, og det for nok
like mykje i munnen som i spannet, men det
var ein del av gamet.

Bringebær hadde vi sjølv, og det var det mykje av, så lenge vi budde på Leiknes. På Flossvika kjøpte me av naboen dei første åra, seinare vaks det til hjå oss og.
Men arbeidet var ikkje ferdig med det. Vi hadde ikkje fryseboksar, så når bær skulle vare vinteren over, så var det safting og sylting. Når vi safta, måtte først flaskene vaskast, skyljast og steriliserast. Etter flaskene var vaska, vart dei lagt i steikeomnen for å bli desinfisert. Når bæra hadde kokt på sakte varme lenge, slik at safta kom ut, vart ho silt i linduk, og ho mor gav safta eit kort oppkok med litt sukker.

Den kokande safta fylte ein på dei varme flaskene som vart tekne direkte frå omnen. Så vart flaskene korka med vinkorkar og syltevoks, slik at bakteriane ikkje skulle kome til. Det var om å gjere at safta ikkje gjæra, for då var innhaldet ubrukeleg.
Dei kalde flaskene fekk etikettar, og vart sett i kjellaren til bruk utover vinteren.
Den beste safta var sjølvsagt solbær, og rein solbærsaft var til fest, og når ein var forkjølt.
Elles var det ripssaft, og blandingssaft. For å få mest mogleg ut av bæra, vart det ofte restane etter første saftkok koka på nytt med meir vatn. Andregangskoket vart kvardagssaft, men prosedyren var den same.

Syltetøy skulle kokast raskt opp saman med
sukker. Nokre brukte og Atamon for å få
syltetøyet stivare. Ein steriliserte syltetøy-
glasa, og dei beste glasa å bruke var
Norgesglas med gummiring, glas og skrukork.
Etterpå vart syltetøyet voksa med syltevoks.
Ein smelta voksen forsiktig i vassbad, og
tømde han over syltetøyet. Så skreiv ein
etikettar til desse glasa, og dei vart også
plassert i kjellaren for bruk til vinteren.
Når syltetøyet så vart teke opp og skulle etast,
fungerte syltevoksen som tyggegummi for oss
ungane. Det var smaklaust, og smuldra etter
kvart opp, men det var meir på kjøkkenet!.

I dag har vi fryseboksar, og vi kjøper fersk det
meste av året. Vi har det lettvint, og gløymer
at for eit par generasjonar sidan var matlaging
og husstell fulltidsjobb for husmora.
Eg hugsar at mor hermetiserte kjøttkaker med
brun saus og kotelettar. Det var same
omstendelege prosessen, med vasking og
sterilisering av Norgesglas, og koking og
steiking av kjøtet som skulle
hermetiserast. Det vart lagt kokheitt på glasa,
og fylt heilt fullt, og så vart lokket skrudd på.
Glasa vart sett i kjellaren, og teke opp til
sundagsmiddag ut over hausten og vinteren.
Det kunne vera ein sjanse at maten vart
bederva, så ein måtte lukte på, før ein varma
det opp.

Elles hermetiserte mor frukt kvar haust. Også
då var det vasking og sterilisering av glas, som
ein oppbevarte i varm steikeomn til ein skulle
bruka dei.

Ho skrella pærene og koka dei i sukkerlake til
dei vart møre, og lagt på glas. Så fylte ho den
kokande sukkerlaken over, så glaset vart heilt
fullt, og la glaslokket med gummiring på, og
skrudde på messinglokket Plommer vart og
kokte i sukkerlake, og lagt på glas på same
måten. Kjellaren var oppbevaringsplassen, og
mange hadde heile hyller med hermetisert
frukt.

Frukta vart brukt til sundagsdessertar gjennom
vinteren, og det var helst til litt meir
høgtidelege høve, som familiemiddagar, til jul
og påske. Mor serverte ho med piska krem
eller fløytemjølk til. Ho piska kremen for
hand, med vanleg visp eller hjulvisp, så det
var mykje og tungt arbeid i forhold til i dag,
når ein brukar nokre minutt med food-
prosessor.

Elles vart søndagsdessertane raud graut med
mjølk, eller sviskegraut med fløytemjølk.
Etterkvart brukte me og hermetisk frukt, eller
vi hadde prinsessepudding med raud saus og
gele med vaniljesaus. Ja, sjokoladepudding
med vaniljesaus var jo ein innertiar, i alle fall
på sundagsmiddagsbordet vårt!

91

Uteleik

- Du har han. Ei lita berøring , og du var
innehavaren av tikkjen, og måtte springe etter
ein eller annan for å bli kvitt den.
Vi var sosiale, og leiken var ein viktig del av
samværet mellom oss borna. Vi leikte slå på
ringen og siste par ut, slåball, kanonball og
fotball.
Vippe pinne var så visst som våren. To steinar,
ein kort og ein lang pinne, og to lag. Innelaget
vippa den korte pinnen med den store, og la
den pinnen oppå steinane, og, ein frå utelaget
prøvde å treffe den veslepinnen. Trefte han,
var det nestemann sin tur, trefte han ikkje
målte ein lengda med den lange pinnen og
fekk alen. Så slo vi den vesle pinnen med den
store, og slo du to gonger, kunne du måla alen
med veslepinnen.   Vi heldt på med denne
leiken i månader om våren.
Elles leika vi gøymespel i mange variantar.
Rundt huset, i hagen og inne i uthus var det
mange gøymestader. Ein stod, og telte til 100,
og alle gøymde seg. Av og til var det berre å
bli funnen, andre tider måtte ein liste seg fram
til teljestaden og bomma, og då sette ein og
ein av dei funne fri. Du måtte då liste deg
bakom buskar, tre og husnover for å nå fram
for å bomma, og risikoen for å bli sett og teken
var stor. Spaning i kvardagen!
 Boksen går var ein variant av denne. Då var
det om å gjera å nå fram til boksen og spenne i

den. Tomme hermetikkboksar var fin til denne
leiken. Mang ein Bjellands fiskebolleboks
enda sitt liv med å fare veggimellom under
boksen går.

Av og til starta heile flokken i sørenden av den
vesle skuleplassen med kvar sin pinne. Ein sat
på gjerdet i nordenden, og medan han talde
eller ikkje såg, var det om å gjere å utvide
territoriet sitt, ta land, slik at ein kom nærare
og nærare gjerdet i nordenden. Den som klarte
å nå det først hadde vunne.

Variantar av denne leiken var mange. Den
som sat på gjerdet kunne rope ut bokstavar,
fargar eller bruke rødt, grønt og gult lys som
signal til å gå, stoppe eller snike seg fram. Det
var alltid ein fordel å være i ein av utkantane
av synsfeltet til den som stod, for då var det
lettare å snike seg fram. Kranglar om posisjon
var og fine, for dei som ikkje var involvert,
kunne då forsere fortare, fordi ein ikkje kunne
krangle og sjå alt samtidig.

Hadletikkjen gjekk ut på å gå rundt huset. Når
du heldt deg i novene, var du safe. Når du
sprang mellom eit av sidene og vart sett, var
du tekjen. Her kunne du og bomma fri dei som
var tekne, men då måtte du springa frå
husnova og til bommestaden, og det var
risikabelt.

Vi hoppa tau, anten ein og ein, eller fleire i
lag. Anten hoppa ein på tid, og telte oppover
til hundre, eller ein hadde ulike variasjonar,

som to hopp, eit baklengs, to svingar med tauet, og så hoppe igjen. Snubla ein i hoppinga, var ein ute, og ein annan overtok. Brukte vi svingtau, hoppa fleire. Det var to som svinga, og så hoppa to-tre inni, hoppa nokre gonger, hoppa ut att, og to nye hoppa inn . Her og kunne ein variere talet på hopp, og om ein svinga til høgre eller til venstre. Me hoppa høgde og lengde, med og utan tilløp, gjekk på stylter og balanserte.

Våren var og tid for paradis. Det var ulike variantar, med firkantar og trekantar og halvsirklar, og med stein som ein kasta til den ruta ein var komen til, og så var det hopp, hink, dobbelhopp og eg hugsar ikkje kva. Du kunne krysse ut ruter du hadde klart, og dermed gjere det vanskelegare for medspelaren din, som måtte hoppa over den ruta.

Å leike var ein del av livet. Du leika. lærte, øvde ferdigheiter og lærde samspel. Leiken var på mange måtar førebuing til vaksenlivet.

Inneleik

Det var ikkje så mykje leikesaker i min oppvekst, men me leika mykje både ute og inne. I dag vil eg fortelje om nokre av inneleikane me kunne drive med, aleine eller saman med andre.

Vi samla glansbilete, hadde dei ein liten blekkboks med lok, og bytte. Eit verdifullt glans, som ein stor engel eller eit utkrota bilete av eit brudepar eller eventyrfigurar, måtte du gjerne gi to eller tre vanlege for. Det står ikkje til å nekte at yngre søsken utan sans for kvalitet av og til bytte bort verdifulle glans for ein slikk og ingenting. Eg hadde ingen skruplar for å lure dei, men om andre ungar narra dei, var eg solidarisk med mine småsøsken. The law of the jungle.

Elles lima me glans inn i glansbiletbøker. Oftast brukte me kveitemjølslim. Det var kveitemjøl og vatn i høveleg blanding, og du kunne ete opp restane når du var ferdig med å lime. Vi bruka fyrstikker til å lime limet på baksida av glansa i mine heilt yngste dagar, seinare fekk me limtubar som me fekk bruke med varsemd. Eg hugsar enn da eg var omtrent 4 år, og mor hadde hjelpt meg å lime inn glans i glansbilde-boka. Den yngre syster mi var i rive sundt alderen, og hadde fenge tak i klenodiet mitt. Ho hadde rive ut mange av dei finaste bileta or boka mi, heilt eller delvis. Landesorg! Eg var etter det mor fortel eit roleg barn i den tida, som lika å putla med mitt. Å få eit yngre åder som øydela det eg putla med, var ikkje alltid enkelt. Men etter nokre år hadde ho fått vett og forstand, og gjekk an å leika med, eller lat oss heller sei, fylgje mine instruksjonar i leiken.

Papirdokker kjøpte me i bokhandelen i byen.
Dei var på store på store pappark. Det var ei
eller to dokker på kvart ark, med ulik alder og
kjønn, men helst vakre damer. Me klypte dei
ut, saman med kledeplagg til vinter og sumar,
kvardag og fest. Kleda festa vi på dokkene
med klaffar, og så var dei ferdige til å dra ut i
verda. Nokre hadde og ulike sko, hår og
vesker som du festa på dokka. Vi hadde fleire
dokker, og tok dei ofte med på besøk til
venninner. Så leika vi rolleleikar der vi kledde
av og på, let dokkene leike med kvarandre,
gifte seg, passe ungar , bli usamde og einige
att. Far gjekk på arbeid, og mor passa ungane
og huset. Slik var kjønns-rollene i min
oppvekst, og slik leika vi.
Vi brukte malebøker med ferdige teikningar,
og hadde fargestiftar for å legge kulør på dei
ulike figurane.. Til jul fekk ein ofte fargeskrin,
og sidan mor ikkje likte sølet, så fekk vi
avispapir under maleskrinet og teikneboka.
Vi kunne liggja på golvet med desse sakene,
men om yngre søsken ikkje skjøna kva vi
dreiv med og ville blande seg inn, sat vi ved
stove-bordet. Vi henta vatn i ein kopp til å
skylje penslane i, og så mala me i maleboka.
Her galdt det å ikkje bruka for mykje vatn, for
då vart teikninga ruglete. Vi blanda fargar, og
det var alltid moro å blande gul og blå, eller
bruke kvitt eller svart til brekke fargane med.
Avispapirunderlaget var brukt til å prøve seg

fram, så fargane vart fine, og hadde rett
konsistens. og når det klare vatnet i koppen
vart for mykje farga, henta vi oss nytt vatn.
Det hende at dei vaksne måtte dyppe penselen
og reingjere fargane i maleskrinet etter att
borna hadde hatt ein arbeidssom
regnversettermiddag.
Vi teikna også på frihand. Like etter krigen
bruka me det det brune innpakningspapiret
rundt brødet me handla på butikken. Seinare
vart brødpapiret kvitt, og betre å teikne på. Me
fekk etter kvart kladdebøker å teikne i, først av
kladdepapir, seinare av fint kvitt papir. Men
det å teikna på frihand var ikkje så moro. Me
likte nok malebøkene best, kor lite pedagogi-
ske dei enn var. Men mor fekk ein del
frihands-teikningar med runde kroppar og
sprikande bein, og syntest sjølvsagt dei var
bra. Dei hang oppe på kjøkkenet ei lita stund,
før dei forsvann, og ingen såg dei meir.
Mor var flink å teikna på frihand, og me lika
godt at ho tok seg tid å teikna med oss. Så
mykje lærte me ikkje av det, men vi lærte å
teikna fine kattepusar med strekteik-
ningar. Teiknetalentet hennar var det nok
andre enn meg som arva.
Då eg byrja på skulen, så leika vi skule.
Læraren var sjølvsagt eg, og eg held kustus,
og gav mine yngre søsken opplæring både i
lesing og skriving, song, bibelhistorie og opp-
førsel. Den yngste var ikkje særleg lærenæm

med sine to år, det kom seinare, men den
eldste snappa opp eit og anna, og så vidt eg
hugsar tok ho både lesing og tal lettare enn eg
då ho byrja på skulen.
No sit barn og ungdom ved sida av kvarandre
og trykkjer på kvart sitt spel, eller dei sender
bilete og meldingar til kvarandre om dei er på
same staden.

Eg er takksam for å ha barndommen i ei tid
når me gjorde ting i lag, og eit av tinga me rett
som det var held på med, var spel.
Me leika Gnav, med tall frå 0 til 12, og nokre
figurar der den største var gauken. Gnav
kunne du spela på den måten at du trekte kort
frå medspelarane, og når du fekk like, kasta du
dei i ein haug. Den som sat att til slutt, hadde
tapt. Me leika *Svelt i hel,* som gjekk ut på at
du skulle ta alle korta frå medspelaren, og sitje
att med heile kortstokken. *Svarteper* kunne
me leika med gnav, eller med ein spesiell
gnavsort som heitte nettopp *Svarteper*. I min
barndom leika me berre med at ein tapte,
men då eg i sekstenårsalderen kom i Husdalen,
tok vi spelet heilt ut, og taparen fekk svart
nase med sverte frå omnen, med mykje hyl frå
den slegne, og fryd frå dei som slapp.
Vi hadde ikkje kortstokk heime. Det var vel
sett på som synd, og sjølv om mor og far ikkje
var vedkjennande kristne, så hang det med
kortspel i. Men etter at me flytta til Flossvika

og fekk leikekameratar frå byen, spela me mykje kort, særleg i stabburet hjå Eli. Me leika *Vri åttar* og andre spel som eg ikkje lenger hugsar namnet på no.

Kva øvde me opp? Å hugse korta i stokken, og kven som hadde dei, og evna til samspel, leike etter reglar og tåla å tape. Kranglar om rett og gale var det mykje av, men me måtte løysa flokane, og gå vidare.

Ludo var eit anna spel som me ofte tok fram. Vi trilla terningen for å avgjere kven som skulle starte, og den som fekk seks, byrja først. Vi hadde ikkje turneringar, for når alle var kome i mål, var vi grundig lei, og fann på noko anna. Telje, vente på tur og ikkje fuske var føremonar med det spelet.

Hjå bestemor var det *Monopol*, men det var eg for liten til å leike så lenge dei budde i Lunddalen.

Venninna mi hadde stigespel, og det var artig, men nokså nervepirrande, og lite morosamt når du fall ned den store stigen og måtte starte på nytt. Det hende nok at ein prøvde å fuska for å unngå det fallet!

Vi leika *Mølle*, som var avansert, fordi du måtte prøve å sikre deg tre knappar på rad, og helst fleire rekkjer , slik at du kunne flytte knappane fram og tilbake, og ikkje gje motstandaren høve til å plukke av dine knappar. Me teikna spelet ofte sjølv, og fann oss knappar i mor sitt rikhaldige knappelager.

3 på rad kunne spelast med knappar, eller ein berre teikna spelet. Det var ein enklare variant, og kunne spelast overalt.

Då eg var 12-13, kom det kinasjakk, og det var også eit strategispel, der du måtte planlegge trekka dine, og helst hindre medspelararane dine å få gode trekk. Kjempefint for å øve opp tenkjeevna og logisk sans!

Domino var artig å leike, anten ein laga seg stigar under leiken, om ein brukte den til bilveg for dei små bilane, eller sette dei på rad etter kvarandre, og så skubba dei så det vart skikkeleg dominoeffekt! Artig, og også ein lærdom å ta med!

Huset på Flossvik. Pumper, bukk og pumpehus til venstre på biletet.

Bensinsal

Far hadde bensinfat og pumpe då me budde på Leiknes. Han henta fatet i Sandviken i Bergen, på Shell sitt raffineri. Det var langt til næraste bensinstasjon, og på den måten sparde han tid og pengar, og fylte opp tanken på bilen når han likevel var heime. Han monterte pumpa på

veggen i den opne garasjen, og du sat så på ein
stige mellom første etasje og loftet og pumpa,
og kunne velje om du pumpa opp 1 eller 10
liter før du sleppte bensinen inn på tanken i
bilen. Eg visste kor mykje som gjekk på
tanken, men ein gong rekna eg feil, og då
fløymde det bensin ut frå bensinrøret. Eg var
snar til å stoppe, men litt spille vart det, og eg
fekk kjeft. Bensin var dyr, og det lukta!
Då me flytta til Flossvika, grov far ned først
ein stor bensintank på fleire tusen liter, og så
ein til. Han støypte fast ein bukk, slik at han
kunne skifte olje på bilen sjølv, og utføre
småreparasjonar. Mange lånte bukken til både
oljeskift, og når dei skulle vøle bil. Eit lite
pumpehus sette han og opp, Der det var plass
til å oppbevare olje og rekvisita.
Han fekk opp eit par bensinpumper, og vips så
hadde me ein liten bensinstasjon. På pumpene
stod literpris, og teljeverket fortalde kor mykje
ein tappa. Ein betalte inne i pumpehuset. Shell
var leverandør, og me ungane lærte oss å fylla
bensin og selje olje, frostvæske og andre ting
kundane trong. Vi peila dei store bensin-
tankane, og gav mor beskjed når me trengte
ny forsyning av bensin. Då kom det tankbil frå
raffineriet i Bergen. Sjåføren Farstad, som
oftast kom, hadde alltid tid til å prata, og
me rekna han som ein av våre gode vener.
Det var ikkje så mange kundar i byrjinga, men
dei fleste bilane frå Leiknes og Hjelmås kom

innom for å fylle drivstoff. Dessutan selde me
til ein del scooterar og mopedar som folk
bruka til å kome seg på arbeid i Udlavågen
eller på Tøffelen på Hjelmås. Bensinprisen
hugsar eg ikkje, men det var under ei krone for
literen, og mange fylte ikkje for meir enn 5-10
kroner om gongen.

Mopedar og scooterar skulle ha olje i
bensinen, og då hadde vi eit halvlitermål, med
strekar på innsida, som vi tømde olje i , og
tømde ho gjennom trakt på tanken før me fylte
bensin. På den måten blanda olja og bensinen
seg før dei starta motoren att. Som oftast
gjekk det bra, men eg hugsar at eg ein gong
fylte dobbelt med olje. Det rauk bra frå den
mopeden, og eg kjenner enno kor flau eg var!
Mor fortsette å selje bensin då far døde, og
bensinstasjonen var ei lita familiebedrift i
nokre år. Til å byrja med hadde vi ikkje
stengetid, for me var jo heime og vi trengte
kundane og pengane, så når det fløytte ein bil
ved bensinpumpene, var det å sleppa det du
hadde i hendene å springe. Kunden først, det
lærde me tidleg! Ville dei etterpå prata, så gav
vi oss tid til å prata.

 Vi sørgde for å ha vekslepengar, og talde
opp når dagen var over, for bensinstasjonen
var jo rekneskapspliktig.

Etter kvart hadde vi ei slags stengjetid, men
om nokon trong bensin, så fylte me. Det var
langt til neste stasjon, og folk måtte jo koma

seg fram. Det hende folk kom om natta. Ein og annan gong fordi dei hadde misrekna seg på bensin, andre tider fordi det var nokon som skulle til doktor. Då hamra dei på døra til vi kom ut. Pumpehuset var låst om natta, og me slo av og på straumen til pumpene inne i hovudhuset, så ingen kunne stela bensin.
Vi fekk meir rekvisita etter kvart, både tennpluggar, lappesaker, slangar og batteri. Vi utvida også med litt snop, populært for ungar i bygda, anten dei kom med bil eller sykla. Påhengsmotorar begynte å bli vanlege, og rett som det var kom særleg byfolk for å fylle på kanner. Det var påbydt med Jerrykanner etterkvart, og vi lika ikkje at folk brukte tomme oljekanner til bensin, og prøvde å få folk til kjøpe godkjende kanner hjå oss.
Som ein kuriositet kan eg nemne at då skulen på Leiknes skulle bore etter vatn, så trengte også brunnboraren bensin. Han vart kjent med ungane, og seinare med mor. - Sigmund skal ha bensin, sa tvillingane. Slik starta det bekjenskapet og seinare ekteskapet, gjennom ungane.

Mor var ofte innom på Shellkontoret når ho var i byen, og argumenterte for å få større stasjon, slik at ho kunne leva av bensinsal. Når me var med, måtte me belaga oss på å vente på forkontoret. Kjedeleg, sidan lesestoffet var

104

nokså oljerelatert. Ein vente seg til å ha noko å
lese på med om ein skulle vere med dit.
 Men då nye vegen kom til Eikanger, valde
Shell å satse på ny stasjon på Fyllingsnes med
serviceverkstad. Det var ein klar nedtur for vår
verksemd, og stasjonen på Flossvika vart etter
kvart nedlagt. I ettertid er eg takksam for den
opplæring eg fekk når det galdt å setje kunden
først, handsame pengar , jobbe praktisk og yte
service.

Grusveg
Det var grusvegar i barndommen min. Kom du
til Bergen, hadde dei brustein i heile sentrum.
Og rett som det var, vart det lagt ny stein der
den gamle måtte vølast. Det var vel asfalt på
ein del av vegane rundt Bergen, men det
hugsar eg ikkje så mykje til.
På landsbygda var det grus som galdt.
Stabbesteinar sto der det var høgt utfor, og
nokre stader vart det etter kvart støypt mur for
å skilje veg og stup.
Grusvegen fekk holar etter regn, og vart det
hol etter hol, heitte det vaskebrett, og der
humpa det ettertrykkeleg, anten du køyrde
sykkel eller bil. Grusen la seg etter kvart i
vegakanten, og då hadde kommunen ein
vegvaktar som kom syklande med spade og
krafse for å få grusen innatt i vegen og oppi

hol og vaskebrett, slik at det vart lettare å køyra. Arbeidet var tungt, men eg er ikkje sikker på om folk flest såg på dette som arbeid. Nokre var vel også misunnelege på at desse var kommunalt tilsette og fekk fast løn. Dei måtte og hogge vekk issvullar der det var tilsig av vatn og oppkommer i nærleiken av vegen. I byrjinga køyrde dei ut grus med hest og kjerre og lagra attmed vegen, og så måtte vegvaktaren trille ut grusen på vegen med trillebår.

Etter kvart som vegane vart fleire, vart det fleire vegvaktarar, og dei fekk til og med ein bil som brøytte vegar om vinteren, og måka møte- og haldeplassar.
Når snøen var borte, køyrde bilen ut grus og let han dryssa frå lasteplanet medan han køyrde med tippen oppe, og det letta arbeidet mykje for vegvaktaren. Men ein grusa ikkje vegen ofte på den måten. Vedlikehald var dyrt. Om ein skulle lage ny veg, eller forandre ein eksisterande veg, legge han ut eller legge han om, kom syningen inn i biletet. Han var vel ein slags vegingeniør, og hadde det overordna ansvaret for nye vegar. Han kom på synfaring og stakk ut vegen, såg etter at entreprenøren gjorde arbeidet sitt, og godkjende den ferdige parsellen. Far min syntest det var stas å følgje syningen på befaring. Ofte møtte lokale

grunneigarar opp, og argumenterte for synet sitt. Det galdt å berge matjord, sjølv om dette var skrinne Vestlandet. Syningen var oftast einig i dette, for dette var like etter krigen, og sjølbergingsprinsippet galdt. Han la vegen oftast til utmark. Vart ikkje partane einige, vart jorda ekspropriert. Det var eit skummelt ord, som me ungane ikkje skjøna heilt, men vi oppfatta det som at kommunen stal jord frå gardbrukaren, sjølv om dei nok betalte litt for parsellen.

Ein gong var eg med far på Osterøya. Vi hadde køyrt den sedvanlege vegen over Kleivdal, Seim og til Isdalstø, teke ferje til Steinestø, køyrt til Breistein og teke ferje til Valestrandsfossen. Me køyrde svingete vegar opp mot høgda, og 4 timar heimanfrå snirkla oss frå skogkrull til skogkrull innover øya. Vegen var usedvanleg svingete. – Det var syningen si skuld, sa far. Då denne vegen vart bygd, hadde dei ein syning på Osterøy som tok vel vare på all matjord. Då han stakk ut vegen, hadde han lagt den utom kvar liten jordlapp. Det var jordvern i praksis! På folkemunne gjekk vegstubbane som «Jaabecksvingar», etter namnet på ingeniøren. Eg tenkjer ofte på den syningen når eg køyrer her på Austlandet, og vegen går rett og fin nettopp gjennom finaste matjorda. Tida endrar seg! Veit ikkje om eg heilt likar at sjølbergingsprinsippet til dei grader er forlete. Vi kan jo få bruk for poteter igjen!

M/S Torefjell. Bilete lasta opp frå Facebook

Ferjer opp og i mente
- Vi må nå ferja.
Ein vanleg setning når eg vaks opp. Skulle du over ein fjord, måtte du ta båt eller ferje.
Bergen Norhordland Rutelag hadde eit hefte med ferjeruter så langt som eit vondt år, og det gjekk ferjer på kryss og tvers over fjordane for at folket skulle kome fram. Reiste du med bil, var livet styrt av ferjerutene. Du kom ingen stad før ferja gjekk, og du kom ingen stad etter siste ferje. Då eg var liten, slutta dei å gå tidleg, særleg om laurdag. Etter kl.18.00 gjekk det ingen ting. Far kom for seint til ferja på Steinestø ein laurdagskveld, og returnerte då til slektningar i Bergen. Telefonen var stengt for helga, så dei kunne verken ringa eller

sende telegram. Ei tante mi vart redd for onkelen min, som og var med, og trumfa gjennom at dei skulle etterlysast. Far sette nesten kaffien i halsen då han høyrde seg etterlyste på radio utpå kvelden. Det var berre kriminelle som vart etterlyst! Far var skikkeleg opprørd då han kom heim att ut på sundagen.

Då eg var riktig liten, hende at du køyrde inn på sida av båtar på ein lem, men som oftast var det ferjekai med lem, der du køyrde inn i enden på ferja, slik som no. Innkøyringa var stengt av ein bom når ferja ikkje var der. Når ferja kom, hoppa matrosen i land for å heise lemmen på plass og opne bommen, men etterkvart kunne dei styre lemmen frå ferja, medan bommen måtte opnast manuelt. Billettar kjøpte ein i kiosken før ferja kom, men etter kvart gjekk billettøren omkring og selde billettar til kvar enkelt bil. Han hadde huve på hovudet og pengeveske på magen, reiv av billettar som du måtte vise for deg seinare på turen, For det var kontroll , og du viste billett. Sjåføren køyrde ombord, og vart vinka på plass av ein av mannskapet. Det var ikkje populært å bli vinka inn i ein krok, slik at ein ikkje kom av ferja i rett rekkefølge. Passasjerane måtte gå over lemmen. Det var ikkje lov å sitje i bilane under ferjereisa heller, men nokre gjorde jo det. Skulle ein ha kaffi og vaffel, (eller brus) gjekk ein nedanunder,

der det var ein liten kiosk der ein kunne kjøpe
snop, rundstykke, kaffi og etterkvart aviser,
og benkar og bord til å sitje ved. Dei første
ferjene hadde rette ryggar på benkene, og var
heller vonde å sitja på. Det var som regel to
rom nede, og på dei største ferjene var det og
eit rom på øvre dekk. Du kunne og stå ute, og
sjå på landskapet, og kjenne vinden ruske i
håret.
Dei var ikkje alltid så nøye på passasjerantalet
i bilen på den tida. Det var stas å ta ein biltur,
og alle skulle med. Ein sat i fanget på
kvarandre, og det gjekk to ungar på ei vaksen.
Dei minste vart ikkje rekna i det heile. Så difor
var det ikkje så uvanleg med hendingar som
ligna sitatet i denne ferjehistoria: Mannen som
køyrde sa til billettøren: -Bil. Sju ungar og fire
vaksne.
Ferjesambandet frå Norhordland til Bergen
gjekk i førstninga mellom Steinestø og
Isdalstø, og tok 30 minuttar. I 1956 vart det
laga veg til Knarvik, og då var ferjetida 20
minutt, og då vart det etter kvart fleire ferjer,
fordi bilparken auka, og fleire reiste med bil
når dei skulle til byen. Torefjell og Bjørn West
var ferjene på 50-talet.
 Far snakka med lengsel om veg gjennom
Mundalsberget. Det fekk han aldri oppleva.
Vegen kom først i 1973, og korta reisetida vår
til Bergen med over ein time.

110

I 1994 kom gjennombrotet: Norhordlandsbrua,
som batt saman Bergen og Nordhordland.
Sidan har me vorte meir og meir ferjefrie, og
distriktet er no bunde saman av eit nettverk av
bruer

Språket
I dag er striledialekta populær. Det finns ei
nettside på Facebook som heiter *Strilemål*, og
språket blir forska på, det finns bøker, og
Svein Børtveit har lagt ned eit stort arbeid med
å utarbeide ei ordliste med forklaringar på ord
og uttrykk frå mitt heimeområde. Å vere stril
er i vinden, og eg fortel ofte om strilekrigen på
1750-talet, der folk frå Norhordland drog til
Bergen med høygaflar og øks for å klage på
skatten. Dei tenkte lite på at futen hadde
muskedunderar og kanoner! Eg vart faktisk litt
stolt då eg i sommar fann ut at ein av
forfedrane mine frå Leiknes var med på den
turen, og fekk bot for deltakinga si!
Det språklege medvitet om dialekta var ikkje
så stor då eg vaks opp. Medvitet om det
skriftlege nynorske språket var der . Bestemor
sa eingong :-Du forstår ikkje kor godt det var å
kunne skrive og lese på sitt eige språk! Medan
ho gjekk på skulen omkring 1915, skifte dei
målform frå bokmål, som nærast var dansk
då, til nynorsk. Mor brukte det nynorske

språket, og var bevisst på det, og det same var læraren vår, Andreas Midtgård.

Så me skreiv nynorsk, og fann oss i dei nye rettskrivingsreglane som kom med ujamne mellomrom, ettersom det var politikarane sitt faste fortsett å sameine bokmål og nynorsk, og gjere dei til eitt med rettskrivingspåbod. Vi frå Bergenskanten skjøna lite Aasen sin fobi for tyske ord, ettersom tyske ord kom til området vårt med hanseatane, og vi skreiv «bestemte» og «anbefalte» villig vekk. Vi kjende oss ikkje heime i telemarkske i-endingar som i bygdi, og ville gjerne skrive me og skule.

Men vi skreiv nynorsk, las nynorsk litteratur og kjende oss likevel heime i dette verdsbiletet. Det var røtene våre.

 Men korleis stod det til med talemålet? Vi tala dialekt, men vi ropa ho ikkje ut, akkurat. Når småungane leika rolleleikar tala vi bergensk. Då lydde tjuaguttspråket frå leikekroken. Det hadde større autoritet og var meir vyrd.

Seinare, då NRK fekk meir sendetid, vart normalisert bokmål språket som lydde i frå barnemunn i leiken. Dei vaksne bukka litt og knota litt når byfolket kom på besøk, eller når dei drog på handletur til Bergen. Folk som flytta til bydn for å arbeida, knota og la om. Byspråket hadde tyngde og tok over. Vi var husmenner, ikke klar over verdien av det munnlege språket vårt.

Ja, eg hugsar då eg som student møtte ei fin frue frå Austlandet. Ho sa rett ut at ho ikkje skjøna meg. Så eg knota dansk, for eg ville jo kommunisere.

 Men no har striledialekta vorte stuerein. Men fleire og fleire av den yngre garde talar likevel tilnærma bergensmål.

Her er nokre sitat frå Facebooksida "Strilamål":

-Ho va eit løye levane

-Ga sta å få på deg tølena tøtta, da kjem følk

-No må de tølma deko litt

Bjødling og rabbing

To skikkar som ikkje lenger er i bruk, er å rabbe og bjødle. Det var litt i bruk i min barndom, men ikkje etter eg vart stor nok til å vera med. Men eg hugsar det vart snakka om hendingar då eg var liten.

Det hadde seg slik at første gongen ein gut overnatta hos jenta si, eller omvendt, så samla ungdommane i bygda seg for å bjødla. Dei brukte då alt dei kunne koma over av saker som laga lyd, ku- og sauebjøller, sykkelbjøller, sirener, slå på mjølkespann ja, you name it. Så henta dei sagerabb på næraste sag, og laga ein tydeleg veg frå heimehuset og til kaia, eller til huset der den andre budde. Det var ein måte å seie frå om at no var forholdet offisielt, og ikkje løynd lenger.

Eg spurde mor om dei hadde bjølla for henne
og far. Det hadde dei, men ho fortalde ikkje
meir om det, anna enn det var vanleg i hennar
ungdomstid.
Kjærasteparet hadde som regel kome i land på
Tangen med båten, og var då synleg for alle
og einkvar. Dei kunne ha kome med buss eller
båt, men som oftast vart dei observert av
nokre, og treskoposten gjekk. Ungdommen
samla seg, og dei inntok plassane. Seint om
kvelden, etter mørket hadde seinka seg, sette
ulyden i gang. Det ringla og song, hamra og
banka kring husnovene, og dei ville ikkje gi
seg før dei hadde fenge paret ut.
Seinare rabba dei.
Eit eldre par   hadde lenge skrive til kvarandre,
og etterkvart kom han for å hjelpe henne som
dreng på garden hennar. Ungdommane laga eit
skikkeleg spetakkel rundt huset , og bruka
både bjøller og sirene, så vidt eg hugsar. Dei
heldt på lenge, så til slutt la han Bibelen i
stoveglaset. Då stilna det, seiest det. Men dei
rabba skikkeleg frå huset hennar og til kaia.

Læraren min var ungkar, og eit år gjekk han
og såg om ei lærarinne i småskolen, og mange
skumla om at dei var kjærestar.
Offisielt lærde ho å spele orgel, men
observante gutlarvar klatra opp i treet utanfor
huset, og observerte at dei sat saman på

orgelkrakken, og at han heldt armen om henne!

Dei mest fremmelege gutane låg og på lur og spionerte når han sømeleg fylgde henne heim om kvelden. Dei meinte dei hadde sett både at dei gjekk hand i hand og at dei kyssa, og var sikre i si sak: Dei var eit par! Ein kveld gjekk "posten"om at ho vart uvanleg lenge hjå han, og ungdommen bestemte at no var det tid for bjødling og rabbing. Folk samla dei tølene dei hadde som gav lyd, og brått og uventa for dei som var inne i huset, sette ulydane i gong. Det var bjøller og sirene, fat og spann som vart tromma på, og ein hadde vore hos oss og lånt eit bensinfat til å hamre på.

Han plasserte seg i kjellarinngangen på huset for å få skikkeleg lyd på slaga. Så vidt eg hugsar, tok folk ein pause for å henta rabb, for dei fekk ikkje paret fram i døra, og kom så duoen seg ut , og læraren fylgde sin "utkårede" heim. Det var mørkt ute, og borte i svingane trefte dei ein forseinka "bjødlar "på sykkel, utan lykt Han spurde om kor langt bjødlinga var kome. Eg trur ikkje han fekk svar.

Ungdommane henta mange sekker sagflis på saga, og det vart tilbørleg rabba frå læraren sitt hus til huset der lærarinna budde. Dei tømde også fleire sekkar på trappene til dei to respektive husa.

115

Dei fortel at husverten hennar hadde strø til
sauene lenge etterpå!

Agentar
Det var ein feiande flott og sjarmerande mann,
som hadde to medhjelparar med seg. Han
pakka ut måleri, og viste dei eitt etter eit - Se
her frue, De må se hvordan det tar seg ut på
veggen! Medhjelparane demonstrerte det eine
biletet etter det andre. - Et strålende bilde som
vil forskjønne stuen, og som De vil ha glede
av i mange år! Me ungane sat beinka i sofaen,
og såg og lydde med store augo og øyre på
dette vedunderlege, og høyrde ordflaumen.
Om det var biletet eller agenten som overtydde
veit eg ikkje, men mor kjøpte, og biletet hang
på stoveveggen i mange år. Eg hugsar best
denne måleriseljaren..
Det var og vanleg å selje måleri på dørene i
dei dagar. I Mimra 2009 las eg om Stranda,
der det var fleire som målte bilete, og dei som
måla hadde kommisjonærar over heile landet.
Dei selde så godt at dei var med å finansiere
eit møtetelt for pinsevennene i området.
I min barndom var det omreisande handels-
folk, agentar, som dreiv sal direkte til
heimane. Det var langt til byen, og derfor
reiste desse agentane rundt, og selde varer folk
kunne ha bruk for. Agentane var ikkje
sjølvstendige næringsdrivande, slik som

splinten, men hadde kommisjon hjå
leverandøren sin, og fekk provisjon av salet.
Ikkje rart sume av dei var pågåande, eller
overstrøymande høflege og imøtekomande.
Allereie då me budde på Leiknes hadde me
besøk av bokseljarar, som kom med kofferten
full av bøker, viste fram, og tok opp bestilling
på varene, som kom i posten ei stund etter. Eg
hugsar me kjøpte ein serie på 6 bøker av Runa,
som eg trur eg las 3-4 gonger. Handlinga var
enkel: Presentasjon av hovudpersonane,
intrige, og løysing, der Gud var ein del av
hjelpa og løysinga. Eg fekk med meg, med 3
repetisjonar, at det til slutt gjekk godt med
Guds assistanse, men at dei som ikkje ville
fylgje Gud gjekk det ille! Seinare kjøpte
foreldra mine ein serie på 12 av same forfattar,
så då vart det fleire repetisjonar av same
livsanskuelse, medan eg les bøker som *Hans
mors Gud* og *Ols Barbro*.
(Då eg dreiv research til dette innlegget, lærde
eg ar Runa var psevdonym for Elisabeth
Bescow , og at ho var ein av dei mest lesne
svenske forfattarane i byrjinga av 1900-talet-
Ho   skreiv mange barnebøker også, som *Putte
i blåbærskogen* og *Tante Bruns fødselsdag*)

Støvsugaragenten kom og, med bilen full av
støvsugar, slangar og munnstykke, og
demonstrerte kor mykje støv det var i teppet
og i sofaen. Han tømde posen på eit kvitt papir

for å vise kor mykje skit ein ikke fekk bort
med vanleg reingjering, og brukte ulike
munnstykke for å gjere rein bokhyller og
gardinbrett. Me ungane fylgde spent med.
Dette var noko anna enn å bruke vatn, dekse,
og løvang på golvet! I eit hushald som vårt,
var oppvask og golvvask ein del av dagleg
rutine. Golvet vart skite kvar dag, på grunn av
grusveg, mold og søle, og sjølv om me tok av
oss skoa når me kom inn. Men det var alle dei
små ærenda inn og ut der det ikkje alltid var
tid til å vippe av seg fottøyet.
Mor kjøpte støvsugar, Electrolux, med ein del
finessar. Eg trur me måtte ta han på
avbetaling. Reingjeringa vart lettare, men det
bråka meir. Eg trur mor var mest glad for
nyvinninga!
Mor hadde symaskin som var drive av hjul og
trødd av pedal, og ho sydde mykje både til
ungane og til bygdefolk. Ho var flink, og
skapte mykje fint.
Så kom symaskinsagenten med den elektriske
symaskina, og demonstrerte både å tre, og å
bruke spolar.
Han viste fram føter til knapphol og glidelås,
og synte ulike prydsaumar, og mor fekk prøve
seg. Ho vart overtydd. Maskina kom, og ho
fekk glede av henne i mange år, og mange
vakre plagg vart trylla fram, mest til familien.
Me fekk alle prøve oss, og fleire av systrene
mine vart ordentleg flinke på symaskina.

Etter kvart som kommunikasjonen med Bergen vart betre, og det kom tunnel gjennom Mundalsberget, det vart senter i Knarvik, vart det mindre behov for desse omreisande agenturhandlarane, og det var slutt på denne forma for sal. Alt har si tid.

Radio

Det er rart å tenkje på at då eg vaks opp var me avhengig av høyrsla for å få informasjon. Me las, og nokre svart kvitt bilete var det i bøkene, men mest av alt skapte det vi las indre bilete av hendingane vi las om.

Men vi høyrde på radio, og der fekk me mykje av informasjonen vår, og etter kvart og underhaldninga. Vi såg ikkje det som vart sagt, så vi skapte oss indre bilete av det som andre fortalde. Så tok fantasien over, og vi leika rolleleikar og dikta vidare.

Alle born som var heime på dagen høyrde på barnetimen frå 8.40-9.00. Vi sat andektige og lytta, og song med i songane, lytta til forteljingane og vart kjende med dei ulike programleiarane og figurane dei fortalde om. Torbjørn Egner fortalde om Karius og Baktus, og vi pussa tennene nøye etter den forteljinga! Vi høyrde om tante Sofie og røvarane i Kardemomme, og var glade då alt enda godt. Det fine med desse forteljingane var at konfliktane var spanande, men dei vart løyste.

Livet kunne gå vidare, og vi slapp å gruble på uløyste gåter. Doktor Dyregod hjelpte dyra i Afrika, og dei fekk hjelp og vart friske.
Dyrene i Afrika var ein slager for oss ungane, og vi song på den.
Kven kunne formidle Ole Brumm som Torbjørn Egner? Eg høyrer enno bjørnen sine replikkar med Egners stemme. *Bamsens fødselsdag* vart sungen både titt og ofte.
Anne Cath Vestly fortalde om Ola Aleksander Filibom, bom bom, og Alf Prøysen song om sparegrisen som fekk eittøringen sin. Me hadde sparebørsa klar, fekk eittøring hos mor, og rista i veg.
Starten på sparinga!
 Prøysen hadde så mange fine songar. *Helene Harefrøken* og *Nøtteliten* som heldt på å kome for seint på skulen skapte gjenkjenning for mange av oss.
" Her kommer barnetimen, her kommer barnetimen" lydde det gjennom eteren. Det var laurdagsbarnetimen, barnetimen for dei store. Vi skofta sjeldan den. Onkel Lauritz og tante Sonie var programleiarar, og tok oss gjennom timen frå 6 til 7 på laurdagskvelden. Song og konkurransar, barn i studio og reportasjar, og ikkje minst høyrespelet! Av og til var det framhald, men ofte enkeltståande episodar, med stemmer og lydeffektar og musikk for å gjera historia spanande. *Stompa*, forteljinga om gutane frå ulike kantar av

landet på internatskule med den umoglege lektor Tørdal var ein innertiar.

Barnetimeboka, der tilhøyrarane skreiv inn forslag til ei påbegynt historie, var eit anna høgdepunkt.

Toya om flyktningejenta var spanande. Den vart seinare film, og då såg me den på bygdekinoen på Hjelmås. Elles var *Petter frå Ruskøy* ei annan av desse bøkene.

Alle hadde radio, ein stasjonær som stod i stova. Nokre hadde høgtalarar på kjøkkenet, slik at dei som arbeidde der kunne høyre medan dei arbeidde, og etterkvart kom reiseradioen, Kureren, som kunne gå på straum og batteri, og som du dermed kunne bære med deg ut, og ta med både i hagen og badestranda.

NRK var statseigd, og skulle drive folkeopplysning. Seinare, i 50-åra vart det lagt meir vekt på underhaldning og stoff frå distrikta. NRK hadde monopol på å sende i Noreg, og sende på ein kanal, men hadde nokre sendingar på lokalradio, f.eks. i Bergen. Der hadde dei ein lokal barnetime med mellom anna Kallemann og Amandus, nokre lokal tjuaguttar som fann på mange sprell.

NRK hadde også ein radiokanal som sende program på kortbølgje. Dei kunne høyrast av nordmenn i utlandet. Vi fann den, og høyrde på den, men det spraka mykje, og av og til fall sendinga ut.

Det kunne NRK gjere og. Ein sendar på Voss eller Ulrikken kunne falle ut, og så var radioen daud, enn så lenge, i timar og av og til dagar.

NRK sende ikkje heile døgnet. Fram til på 70-talet starta dei klokka 6.45, hadde to pausar frå klokka 9.00-12.20 og 14.00-1600 og avslutta sendingane kl.23. Dei avslutta med fedrelandsangen, så vidt eg hugsa.
Radioen var det første massemedium me hadde i Noreg. Gjennom det kunne ein sende same bodskapen til mange menneske samtidig. Etter krigen auka talet på radiolisensar (dei som hadde radio) til 226000. Det vil seie at minst halvparten av dei som budde i Noreg kunne høyre radio.
Det var det same alle i Noreg lytta til. 4 nyheitssendingar om dagen, der nyheitene var frå Norsk telegrambyrå og Reuter. Like ofte vart det sendt vêrmelding-ar. Melding om fiske var viktig for dei som dreiv fiske, og det var fleire då enn no. Veret til sjøs var viktig for dei som ferdast på sjøen. Erling Hagesæter skriv i boka si om farleg det kunne vere å krysse Sognefjorden med motorskøyte under krigen dersom ein ikkje kunne høyre vêrmeldingar. Under krigen var det ikkje lov å ha radio, heller ikkje i båt. Difor var ikkje spøk, for veret kunne skifte fort.
Husmora hadde 5 minuttar, der det vart teke opp viktige småting for henne som stelte

heime. På 50-talet var det dei fleste gifte kvinner heimeverande. Elles var det daglege børsnoteringar frå Oslo børs, noko me ungane ikkje heilt hadde sansen for, korkje opplysningane eller den svært så monotone opplesinga.

NRK vaks seg sterk på musikkinnslag, med eige orkester, Kringkastingsorkesteret, som hadde konsertar og akkompagnerte andre. Dei hadde eit fast time kvar fredag som heitte Meloditimen, som på 50-talet var svært populært. Det seiest at gatene var tomme då han gjekk.
Elles var Ønskekonserten populær. Han kjem eg tilbake til. NRK hadde eit arkiv på 50 000 plater, som dei kunne bruka i ulike program. Sportsreportasjar sende dei og. Første gongen var frå Ol i 1952. Seinare sendte dei frå skøyteløp, hopp og langrenn. Eg sat og skreiv rundetider då Fred A Maier og Kuppern gjekk 5000 og 10000 meter!
Når du høyrde radio, var du avhengig av høyrsla for å forstå. Etterkvart utvikla radioreportarar som Rolf Kirkvåg ei evne til å skape visuelle bilete hos tilhøyraren gjennom skildringar, publikumskommentarar og lydar.
Rolf Kirkvåg dreiv både med sports-reportasjar, og han hadde innslag frå sirkus Berny og frå Flymessa i Oslo, før han tok over laurdagsunderhaldninga i Store Studio.

Laurdagsunderhaldninga frå Store studio var populær, og mange høyrde på ho. Ho starta klokka åtte om laurdagskvelden, og svært mange lyttarar var då benka rundt radioapparatet. Dette var før pizzaen si tid, men noko godt ete vanka det ofte, som påsmurde skiver og te eller kakao.

Kringkastingsorkesteret spela, det var sketsjar og songar av kjende kunstnarar, og vanlege folk kunne bli intervjua . Leif Juster, Søstrene Bjørklund, Alf Prøysen var nokre av dei som var med. Det var publikum i salen, som deltok med song, klapping og latter.

Det eg hugsar best, var då Erik Bye engasjerte det norske folk til å gi til ny redningsskøyte, *Skomvær II*. Det var stor stas då ho vart overlevert til Redningsselskapet.

Ein anna gong sørgde han for at Agnar Espegren kom heim til å feire sitt eige sølvbryllaup, og møtte kone og barn utkledd som julenisse i direktesendt *Vi går om bord*. Det var topp underhaldning, og folk prata om det lenge etterpå.

NRK hadde eigen teateravdeling, og sende ofte radioskodespel. Mange krimseriar gjekk og, med gode skodespelarar, og sidan det vart bruka skumle lydeffektar, skapa dei spenning og engasjement.

Ein gong kom eg til å slå på *God aften, mitt navn er Cox* medan eg var åleine i stova. Det var så skummelt at eg skrudde av og på, for å høyre litt, og så skrudde eg av att. Me fekk elles ikkje lov til å høyre på krimmen heime, men då eg vart eldre, høyrde eg av og til i smug på *Dickie Dick Dickens*. Det vart jo snakka om på skulen dagen etterpå, og det var flaut å ikkje ha høyrt på detektimen.

Det er lenge sidan dette. Då eg leita etter bakgrunnsmateriale til denne bloggen, var det NRK TV som kom fram i søkefeltet. Det vart ein revolusjon med TV. Radioen kom i bakleksa.

Med flaumen av massemedia i dag, fridommen til å velje kva ein vil sjå og høyre, så var dette ei heilt anna tid. Det er ikkje lenger slik at alle i Noreg får same informasjon, og no brukar vi både auga og øyra saman når me tek imot opplysningar!

Ynskjekonserten

Dei yngste søskena hadde lagt seg, og me hadde ete kveldsmat. Det var måndag, og ynskjekonsert. Det var eit av dei mest populære programma i radioen på 50-talet. Mor fann fram strikketøyet eller broderiet, skrudde på knappane, og snart lydde *Bojarens inntogsmarsj* i stova.

Lille Graah var den mest kjende programleiarstemma i dette programmet. Ho fortalde kor mange som hadde sendt inn plateynskje, og kor mykje som var kome

125

inn til Radiogavefondet. Folk sende inn ynskje om song, og la ved ein liten sum til fondet.

Radiogavefondet, ein institusjon grunnlagt i 1950 som hadde som mål å låne ut radioapparat til sjuke, gamle, blinde og uføre, og seinare fjernsynsapparat til hørselssvekka og andre. Ønskekonsertane var kvar veke, og renteinntekter var inntektskjelda til fondet.

Det var ikkje alle som hadde råd til å kjøpe radio, sjølv om han kosta berre 70 kroner. Derfor kom det godt med å låne apparat.

Konserten starta med ei eller to barneplater, og snart kunne songar som *Teddybjørnens vise, Bamsens fødselsdag, Nøtteliten* eller *Tuppen og Lillemor* lyde i eteren, til glede for små lydarar. Dei første åra måtte vi leggje oss etter barneplatene, men etterkvart fekk me masa og argumentert oss til å vera oppe lengre.

Så kom det religiøse songar, som Lapplisa med *Barnatro*, eller *Det er makt i de foldede hender* med Lage Wedin.

Kringkastingsorkesteret spelte nokre klassikarar, før Jularbos orkester med *Livet på Finnskogarna*, og Søstrene Bjørklund med *Den glade vandrer*, og Arne Bendiksen med *Davy Crockett* og *Den siste mohikaner* overtok.

Rock around the clock var ein stor hit i 1956, og *Det lysnet i skogen* med Åse Nordmo Løvberg i 1959

55 000 plater fanns det NRK sitt arkiv, men det var eit lite utval som vart sendt i ønskekonserten.

Hallodamene fortel at det var mange fleire ønske enn det var sendetid. Dei måtte derfor velje ut plater, og av og til sende ynskja med andre plater.

Andre songar som var mykje spela var *Den helige stad*, med sitt mektige tonefølge.

Der kom *Gamle Svarten*, med sine karakteristiske hestesko som klikka på vegen framover, *Tango for to* med smektande trekkspelrytmar, gratulasjonssongen *En enkel tulipan*, og evergreen *Der roser aldri dør*, alle var slagarar som Ønskekonserten spela ofte.

Når eg skriv dette, merkar eg at opplevingane gjennom eteren er vanskeleg å formidle i ettertid.

Å beskrive lyd med ord, er ikkje lett. Men i den tida var dette topp underhaldning. Alle høyrde på Ønskekonserten, og me song songane og lærde dei utanatt. Ønskekonserten var populær.

Bygdekinoen

Det stod plakatar på oppslagstavler og stolpar. Det skulle vere Bygdekino i ungdomshuset på Hjelmås. To førestillingar, ein for barn og ein for vaksne. Av og til var det aldersgrense 12 år på vaksenkinoen. Dei første åra var det ikkje så

nøye med aldersgrensene, sidan vart det
strengare.
Det galdt å få lov. Mor var streng. Det skulle
vera bra filmar. Det hjelpte ikkje å kome med
Davy Crockett der i garden. Men norske filmar
fekk me gå på, og dei beste barnefilmane.
 Me gjekk eller sykla til Hjelmås. Det var vel
ein times gonge, og det var ingenting, den
gongen.
Den oransje Folkevognsbussen med Norsk
bygdekino på sidene hadde alt kome, sjølv om
me var tidleg ute, og filmframvisaren vart
installert på galleriet. Høgtalarane vart sett
opp, og vi betalte vel ei krone for å koma inn.
Maskinisten hadde pengeveske og reiv av
billett til kvar enkelt. Det var litt høgtideleg
for oss ungane
Me sat på benker utan ryggstø, og storøygde
fekk me med oss *Fjols til fjells*, *Toya*, *Heidi*
og *Støv på hjernen*. Av og til hadde me kjøpt
med litt drops, karamellar eller halspastillar,
men ofte nytte me ikkje medbrakt. Midt i
filmen vart det ei lita pause. Maskinisten
skulle skifta filmrull, for heile filmen gjekk
ikkje på ein rull. Det var audio lyd, og av og til
spraka det litt i høgtalarane, og det var striper
på biletet i filmen. Men det gjorde ikkje noko.
Me levde oss inn i plottet, og kunne snakke
om det på skulen, eller ta det med i leiken og
stilane våre. Heime var det ingen bilete anna
enn i bøker og vekeblad. Me hadde ikkje TV,

ikkje video, berre radio som baserte seg på høyrsla, ikkje syn. Difor var filmen ei fantastisk oppleving.

Svecon Film, spela inn film på Hjelmås.. Det var ein 20 minuttars barnefilm med tittelen *Gråpus som forsvann.* Handlinga var om ein kattunge vart borte fordi ungane ikkje var snille med han, og kor gutungane leita etter den bortkomne katten, og så kom sjølvsagt pusen tilrettes att. Håkon og Liv Sandberg, som hadde hytte på Hjelmås, laga filmen, og gutungane deira hadde hovudrollane. Det var lokale statistar, og bilete frå naust, skog og utmark i bygda.

 Filmen vart mykje omtala, fekk gode kritikkar, og me ungane snakka mykje om den. Så vidt eg hugsar hadde Sandberg Film premiere på Hjelmås, og så vart han seinare vist på Bygdekinoen. Folk gjekk mann av huse, for dette var ei storhending på vesle Hjelmås. Eg ser enno føre meg ei scene frå filmen, der vesle Gråpus tuslar i steinane utanfor eit naust på Hjelmås.

Bygdekinoen var og er ein omreisande kino, som viser fersk film i deler av Norge som ikke har ordinær kinodrift. Visningslokala er varierte og ber på mykje historie: samfunnshus, grendehus, skoler, kulturhus.

Han førde filmen til utkantane, og ein fekk sjå kvalitetsfilmar på ein stad nær deg. Audio lyd og bilete med varierande kvalitet, men den store verda var nær, i eit ungdomshus på Hjelmås på 50-talet.

Bestemor (mormor)

Bestemor var frå Mundal. Ho var nr.4 av 5 søsken og gifta seg med ein frå Leiknes som arbeidde i Bergen. Dei første 5 åra budde dei der, i ei kjellarleilegheit, og hadde nok tenkt til å bli i byen, hadde det ikkje vore for at bestefar hadde odelen på heimegarden, fordi alle dei eldre brørne hans hadde reist til Amerika. Dei skreiv garden over på bestefar, derfor reiste besteforeldra mine til Leiknes att, og bestemor vart gardkjerring på eit lite småbruk utan innlagt lys og vatn, medan bestefar fortsette å arbeide i byen, noko han var nøydd til for å få endane til å møtast. Dei hadde då tre born. Seinare kom det fire til. Innlagt straum vart det først i 1940. Oldefar var ikkje einig med kraftlaget om kvar lina skulle gå, og kraftlaget la derfor lina over naboen sin grunn. Naboen fekk innlagt straum, medan oldefar/ bestefar måtte betale for tilknyting, og bruke parafin i fleire tiår til. Oldefar budde elles i nordre stova dei første åra etter bestefar tok over, for noko av dealen var at han skulle ha tilsyn på sine eldre år. Aldersheimar fanns jo ikkje på landsbygda i den tida.

4-5 kyr , ein hest, nokre sauer, ein gris og
nokre høner var dyrebestanden i eit lite gamalt
steinfjøs, der det altså ikkje var innlagt vatn og
lys den første tida.
Mjølka vart nedkjølt i florskjelda til det var tid
til å bera henne på meieriet. Fjøset var på eine
sida av køyrebrua, medan hesten og sauene
heldt til på andre sida. Kyrne vart mjølka to
gonger for dagen, og om bestefar kom heim i
helgane, så var framleis fjøset bestemor sin
jobb også helgedagane. Bestefar låg lenge, og
leika med ungane og las for dei, og dei stod
alle opp til ferdig frukost som bestemor hadde
gjort i stand då ho kom or fjøset. Etter middag
og middags-kvild, og litt nonsmat, så tok
bestefar båten til byen der han budde på hybel
i vekene. Sannsynlegvis hadde han med litt
middagsmat og brød i ryggsekken til dei første
dagane.
Bestemor heldt fortet heime. Forutan fjøset var
det matlaging, klesvask som vart koka i
kjellaren, skylt i elva og hengt til tørk på snora
ute. Det var vedfyring, noko som innebar
saging og hogging av ved, elles handling av
varer og parafin, mjølkebæring, golvvask,
barnestell og fostring, og hjelp til den gamle.
Ho hadde taus til hjelp ei stund, men då mor
mi vart 11 år, måtte ho ta over pliktene som
tenestejenta hadde.
 I onnene hadde dei dreng, som tok det tyngste
arbeidet med møkkaspreiing, pløying,

131

potetsetting, vøling av gjerde, slått og
potetopptak. Men om sauene eller kyrne kom
på eit jorde dei ikkje skulle, måtte bestemor
springe. Dei måtte også ty til mannfolkhjelp
frå svogeren, han Arthur på Kleiva, fordi
bestefar ikkje var heime.
Bestemor budde i nabohuset dei første åra,
fram til me flytta til Flossvik og besteforeldra
mine flytta til Indre Arna. Ho hadde alltid
mykje å gjera, sjølv om dei halvvaksne
onklane mine måtte ta eit tak med vassbering,
vedkløyving og dyrestell. Vi ungane var alltid
velkomne, og eg leika mykje med yngste
onkelen min, som var to år eldre enn meg. Eg
hugsar at bestemor hadde oppsett hår,
innkrølla nede ved nakken, og at ho alltid
brukte forkle, sikkert for å beskytta kjolen.
Dei hadde tosetars utedo, med rikeleg
vekeblad og aviser. Ei god avkopling, og turen
inn dit tok alltid ekstra tid.
 For oss ungane var det haugar og risdungar og
mange gøymeplassar når me leika ulike slag
gøymsler. Bestemor hadde rips, solbær
stikkelsbær, eple, pærer og plommer, og me
ungane smaka. Men ho hadde også eit
surapaltre. Eg skjøna aldri kvifor ho hadde
det!
Like ved stova var det ein liten jordkjellar. Det
var spanande å vere med bestemor å hente
poteter der, eller andre ting ho hadde sett inn
til kjøling eller oppbevaring. Det var mørkt, så

ein måtte ha med lommelykt. Saman med kjellaren var han kjøleskapet på den tida.

Det var og ein kjellar under huset med gamal grue og ein liten brunn som me fekk streng beskjed om å ikkje nærme oss. Så djup var han vel ikkje, men vi var små.

Om sumaren gjekk kyrne i utmarka, og bestemor mjølka dei ved vårfloren, eit steinhus som hadde sett sine beste dagar. Så vidt eg hugsar mjølka ho inne i huset når det regna, og utanfor når det var fint ver. Etterpå vart kyrne slept på beite att. Ei lita elv eller bekk rann gjennom dalen, så kyrne hadde rikeleg å drikke.

Då eg var ni år flytte bestemor og bestefar. Bestefar hadde selt garden til eldste sonen sin, og no skulle dei gamle etablere seg på nytt. Det bestemor kanhende drøymde om i sine første gifte år i Bergen, vart no røyndom. Bestefar hadde enno langt att til pensjonsalderen, så dei bestemde seg for å slå seg ned i Seimsmark i Indre Arna. Bestefar kunne då pendle til jobb. Han tok buss til Indre Arna og tog til Bergen. Kvar dag kom han no heim til ferdig middag. Det var annleis enn å lage seg mat på kokeplate, eller eta middag på kafé.

Dei budde først i ei kjellarleilegheit på 3 rom og kjøkken, så vidt eg hugsar. Berre yngste onkelen min budde heime, for han gjekk resten av folkeskulen på Garnes.

Bestemor hadde plutseleg berre ei lita leilegheit å stelle i, og ho hadde varmt og kaldt vatn, dusj og vaskemaskin. Derfor tok ho til å strikke for ei forretning i Bergen, og strikka mange trøyer, genserar, babyklede og anna som butikken selde. Ho broderte og hekla, og mange fine ting produserte og ho til seg sjølv og slekta i åra som kom.

I den første tida besøkte vi dei når far hadde ærend til Indre Arna for å kjøpe materialar hos Haldor Brudvik AS, og det var alltid stas å kome til ho bestemor. No hadde ho tid, og pusla rundt oss. Vi fekk saft, kjeks og kaker, og kjende oss viktige og verdifulle.

Seinare kjøpte bestefar og eine onkelen min tomt litt lenger nede i Seimsmark, og bygde ein tomannsbustad der. Tomta var bratt, men det var fint utsyn over fjorden og mot andre sida av Indre Arna. Etter kvart vart hagen fylt med buskar og plantar, som blømde heile sommaren, og med ein del bær og bærbusker, sjølvsagt.

Huset var over 2 etasjar, med soverom og bad nede, og stove og kjøkken oppe. I gangen oppe var eit lite kott som var plass til ei seng. Der kunne me overnatte, når me var på vitjing. Seinare sov vi i stua.

Den yngste onkelen min flytte ut og starta på utdanninga si, og ein eldre funksjonshemma onkel flytte inn. Dei fekk TV, og reiste på feriar til barna i Oslo, Leiknes og på

Fyllingsnes. Først leigde dei motorbåt når dei reiste til borna i gamle Hamre, og drog ut Arna-fjorden, gjennom Sørfjorden og inn Osterfjorden, for det var enklast. Seinare, når kommunikasjonane vart betre, vart det buss, tog til Bergen og rutebåt for å kome fram.

Når vi kom på besøk, hadde bestemor tid. Det var som å stille klokka til eit seinare lege. Vi hadde lange og seine frukostar, me vaska opp for hand, og samtala medan ho hadde strikketøyet framme. Det vart vel til at me sa meir der enn heime, mange gonger, fordi det var ei som hadde ro og var levande interessert i oss og det vi sa.

Hjelles bakeri låg ti -tolv meter unna, og det høyrde med ein tur dit, og bestemor kjøpte skillingsbollar og tebrød, og me kosa oss saman. Det var ein butikk der og, og me var med på handleturen, og kjende oss viktige og betydningsfulle der me gjekk i den vesle supermarknaden og handla saman med bestemor. Ofte kjøpte ho frukt eller bær som me kunne ete.

Til middag var det dekka på stovebordet, med brodert duk. Litt spesiell middag, fordi vi var på besøk, for eksempel kjøtkaker. Bestefar var kome heim, eller vi åt før han kom nokre gonger. Det var alltid saft til maten. Vi prata og kosa oss.

Bestefar kom heim i 5-tida. Han åt og kvilde middag, og dei siste åra før han vart pensjonist, var han nok sliten av arbeidsdagen. Vi hadde ikkje så god kontakt med han, for han var så mykje vekke. Men kveldsmat åt vi saman, og han lærte søstrene mine å ete restar etter middagen, brødskiver i brun saus. Dei var einige om at det var ei delikatesse!

Då besteforeldra mine hadde flytta i nytt hus, kjøpte dei seg så småningom heilautomatisk vaskemaskin. Det var eit vedunder! Bestefar sat på ein krakk og fylgde heile første vasken. Det var som å sjå fjernsyn, sa han!

Bestemor i Arna hadde alltid tid for barnebarna sine, og fylgde med korleis det gjekk med alle. Ho besøkte familien, og det var alltid gildt å besøke henne og bestefar. Eg hugsar at eg sa i gravferda -Ho fekk meg til å kjenne meg spesiell. Så svarar eit av syskenborna mine: - Ja, ho gjorde det. Så gjekk det opp for meg at ho hadde sett, brydd seg om og formidla det til kvar enkelt av oss. Tenk å få 19 barneborn til å kjenna seg sedde og verdifulle! Det er eit godt ettermæle!

Bestemor og bestefar Leiknes

Tante Birgitta

Bestemor hadde 4 søstrer. Dei kom frå ein tungvint gard på Mundal, som var bratt og ulendt, tungdriven og gav lite av seg. Garden hadde eit våningshus med inngang på midten, kjøkken, og ei stove i kvar ende av huset, og to-tre loftsrom. Bestemor fortalde at hovudhuset fekk tregolv i stova då foreldra hennar gifta seg i 1900. Det var eit gamalt fjøs med tradisjonell vestlandsk utsjånad., med store steinmurar og litt trevirke øvst. Ei låvebru gjekk opp til låven, og inni der var høystålet.

Rundt huset var det ein stor bær og frukthage, og i den sørvestvendte bakken bak huset vaks det hassel, som gav nøter om hausten.

Sofia var eldst, født i 1901, så kom tvillingane Martha og Birgitta i 1903, Anna, som vart bestemor mi, vart fødd i 1906, og attpåklatten Ingeborg 13 år seinare, i 1919.

Martha gifte seg til Leiknes, med Arthur, medan Birgitta vart ugift heile livet sitt. Ho hjelpte til på garden, og mor snakka om at ho ofte var til hjelp når nokon fødde heime, som dei fleste gjorde til langt ut på 50-talet. Ho var såleis med på fødselen min, og to av systrene mine, og hjelpte til i tida etterpå. Det var vel eit kvarters gonge gjennom utmarka frå Mundal til Leiknes, der me budde, så ho budde for det meste heime når ho var barselhjelp.

Men tante Birgitta byrja å jobba i Udlavågen, eller på Hillesvåg Ullvarefabrikk, der ho fekk resten av arbeidsdagen sin. Der budde ho i vekene på hybel på Stiftelsen, eit eldre hus med plass til ein familie i eine enden av huset, og hyblar for 2-3 ugifte kvinner i andre etasje. Vi besøkte henne av og til der, selde lodd, eller stakk innom ein sjeldan gong. Ho hadde eit lite eige rom, med utsikt over taket på fabrikken og fjellet bakom. Kjøkkenet, som eg trur hadde skråtak, delte ho med dei to andre. Det vart vel etterkvart innlagt vatn der, ei kokeplate eller to, nokre skap på deling og eit kjøkkenbord med nokre stolar. Det var utedo, sjølvsagt.

Kvar laurdag ettermiddag gjekk ho Birgitta dei omlag 5-6 kilometrane heim til Mundal, eller ho sykla. Ho tok del i arbeidet der heime på den tungvinte garden som systera Sofia dreiv. Ho var med i fjøset, gjekk på stølen og mjølka og bar spanna heim att, plukka bær, hogg ved og alt som elles skulle gjerast, Så gjekk ho tilbake til Stiftelsen sundag kveld, til ei ny arbeidsveke på fabrikken.

Når sommarferien kom, hjelpte ho til i slåtten heime på Mundal. Dei slo med ljå der hesten ikkje kom til. Dei hesja, og eg trur noko av høyet vart bore i kipe eller boratau fordi det var så bratt. Sofia fekk ei tohjult slåmaskin på sine gamle dagar, som hjelpte dei. Birgitta hadde vel ikkje noko ferie før i sine siste leveår. Ho overtok garden i 6 år, til ho døydde.

Birgitta var pinseven, og tilhøyrde den vesle menigheita Betel på Leiknes. Dit gjekk ho trufast, og ofte vart sundagskvelden avslutta her. Eg veit lite om denne delen av livet hennar, fordi eg fekk ikkje lov å gå på pinsevensmøte. Ho var i alle høve sterkt kristen. Eg trur ho hadde tungetale, og det gjorde henne litt mystisk for oss.

Ho var alltid vennleg når me møttest, og tok seg ofte tid til ein samtale med mor på veg heim. Mor var jo niesa hennar, og såleis slekt. Me ungane syntest ho var annleis og gamaldags kledd, og tenkte ikkje så langt at hennar tankar var å hjelpe andre, systera si på Mundal, andre i slekta, og at ho gav til menigheita ho tilhøyrde.

Ei trufast stillfarande sjel, som levde sitt liv for andre.

Tante Sofia

Før vi forlèt slekta hennar mor for denne gongen, må vi skriva litt om eldste syster til bestemor, ho Sofie, eller Sofia som ho vart kalla. Ho var fødd i 1901, og opplevde både at Noreg vart sjølvstendig stat, to verdskrigar og byrjinga på den økonomiske oppgangen etter krigen.

Ho var jordajente, men då eg var fødd, var ho meierske på Leiknes, og budde på loftet over meieriet på Tangen. Ho budde på eit stort rom med kokeplate, seng, bord og stolar. Det var kaldt der, og trekk frå sjøen, ettersom meieriet var bygd i byrjinga av århundret.

Sofia vog inn mjølka som bøndene kom med, anten køyrande med hest og vogn, med spannet i handkjerre eller bærande det på ryggen. Ho tok prøvar av mjølka, og sende inn, og sette ho til kjøling i vasstroene på lageret, Så selde ho mjølk til oss som kom med spann for å hente. Meieriet var ope både formiddag og ettermiddag, og i tillegg skulle ho sørge for at 50 og 100 literspanna var klar til dampen kom, Ho frakta spanna ned til kaikanten med handkjerre. Der vart dei heiste ombord og frakta til bydn.

Det er noko av dei trygge minna frå barndommen, å gå og kjøpe mjølk hos tante Sofie.

Men det var berre jenter på Mundal, og Sofie, som den eldste, tok over den tungvinte garden i 1949.

Eg trur ho heldt fram som meierske ei tid, men da Birgitta, syster hennar, byrja å arbeida i Udlavågen, måtte Sofia ta stiet i fjøsen sjølv. Då var det slutt på inntekta, og ho laut leva av det garden gav. Å drive ein gard på 50-talet var tungt og lite lukrativt, og det var nok ennå verre for eit kvinnfolk. Tilskot til å drive vart først gjeve til bønder etter att olja kom, så på 50-talet måtte ein leve av det garden gav, og selje av produkta for å få pengar. Det var litt sal av mjølk, beist, poteter, egg, bær og frukt, som gav inntekt til mjøl, kaffi, sukker og salt, det nødvendigaste ein vestlandsbonde trong. Dei hadde vel hest første tida, men det var ikkje alle stader på den bratte garden at han kunne brukast. Då måtte ein bera på ryggen eller i kipa. Det var mykje ho Sofia måtte gjera. I det tungvinte fjøset med murar av stein, måtte ho handmjølke morgon og kveld, og bryne kyrne, og når kyrne var på beite om sumaren, var det å gå på stølen, mjølke og bere mjølkespannet heimatt, på ryggen. Ho hogg ved og saga han, ho sette poteter og tok dei opp att, ho vølte utgardar og jaga krøtter som kom på bøen, og vølte utgarden på nytt. Ho slo og hesja, køyrde inn høy og bar inn noko på tog. I onnene hadde ho litt hjelp, ein dreng i ny og ne, men det kosta pengar. Birgitta hjelpte til, og av og til anna slekt, men dei fleste og tyngste taka tok ho sjølv.

Ho hadde ein brevvenn, og ein dag kom han, vossingen. Bygda var i ekse, og ungdommen sette seg føre å bjødla og rabba, som skikken var. Lydnivået var stort, og til slutt la vossingen Bibelen i glaskarmen. Då stilna det, fortel historia.

Det såg ut som det gjekk fint med dei to, og han var til stor hjelp med gardsarbeidet. Men ein dag var han borte. Var det fordi dei hadde kvar si tru? Sofia var pinseven, han ikkje.

Eller var det noko anna som kom i vegen? Eg veit ikkje.

På slutten fekk ho seg tohjult slåmaskin med kjerre. Då kunne ho køyre der det ikkje var bratt, og bruke tohjulingen når ho hadde ærend på butikk eller meieri. Det letta sikkert.

Sofia hadde mykje å gjere, og det var ikkje ofte vi såg henne etter vegen. Ho deltok ein del på sundagsmøtene i Betel, og når ho gjekk forbi oss, kom ho innom, eller stoppa og snakka med mor. Eg hugsa ein gong eg syntest ho var rar, for då hadde ho fest ei sikkerhetsnål og brukte ho i staden for ein knapp i kåpa si. Eg skjøna nok ikkje at det ikkje berre var å få tak i ein ny knapp når han var borte. Det var korkje tid eller pengar til å reise til bydn og kjøpe ny. Kven skulle stia beista om ho for? Og ho hadde nok ikkje alltid pengar til å prioritere bybesøk. Men Sofia var glad i oss borna, og det var gildt å kome til Mundal. Om det var travelt, hadde ho drops, som så mange på den tida.

Sofia døydde i 1966, så altfor tidleg. Ei strevsam hand fekk kvile. Ein sliten kropp fekk ro.

Tante Stina

Kven var tante Stina? Eg sende eit pm til Edit, som er ein av dei i familien som kan slekta. Ho leitte, og snakka med andre som visste meir, og så fekk me oss ein god samtale om det ho visste, hadde fått vita og det eg hugsa. Ja, tante Stina er verd eit minne!

Helene Kristina var født på Mundal i 1877 som den eldste i ein søskenflokk på 3. Ho flytte til Bergen, og gifte seg med båtsmann Andreas Olson Kjerrgarden i 1908, altså 30 år gamal. Kva ho arbeidde med før det veit me ikkje, men ein kan vel tru at ho starta som hushjelp i ein familie. Det me veit, er at ho var sterkt involvert i kvinnesaka, før kvinnene fekk stemmerett i 1913. Frå andre kjelder veit me at Norsk kvinnesaksforrening mobiliserte, og at det mellom anna var fleire underskrifts- kampanjar for at kvinnene skulle få stemmerett.

 Tante Stina vart skilt frå mannen, noko som og var uvanleg på den tida, og ho gifte seg aldri att. Derimot dreiv ho sin eigen tobakksbutikk heile det yrkesaktive livet sitt. Ho var flink med handarbeid, og sydde mykje på fritida, vakker finsaum, broderte dukar og bunadsskjorter, hekla og strikka. Dei fortel at ho broderte si eiga likskjorte som låg og venta i ein kommode på Mundal.

Mor hadde både bunadsskjorte, forkle, bringeduk og belte som ho hadde brodert.

Tante Stina var sett opp til og respektert i familien. Då mor byrja på skreddarlære i byen i byrjinga av krigen, budde ho hos tante Stina, på hybel på kvisten i huset hennar. Kanhende det var i samtale med tante Stina at mor fekk nokre av sine radikale tankar om kvinner og kvinnesak?

Tante var høgt akta av familien sin, og ein lytta til det ho meinte om både politikk og daglegdagse tema. Tantungane, som etterkvart vart vaksne, gledde seg til ho kom på besøk til Mundal, og ho hadde både gåver og pengar med når ho kom. Men ho var ikkje for god til å ta del i gardsarbeidet, heller, og hjelpte til i slåtten på den tungvinte garden.

Då ho opplevde at arbeidsdagen hennar var slutt, gav ho vekk det ho åtte til slekta. Eg hugsar mor hadde eit par fat, skeier og glas frå henne Dei tok ho vel vare på. Dei vart knapt brukt til best, eingong.

Så tok tante med seg omtrent det ho kunne putte i kommoden sin, og flytte på aldersheim i Sandviken.

Eg hugsar at vi saman med mor besøkte

henne fleire gonger. Mor sette henne svært

høgt, og prioriterte besøk der på ein travel

bytur. Medan ho var frisk, vart vi teken

imot og drakk kaffi i den overdådige salongen

på heimen, seinare var vi inne på

dobbeltrommet der det lukta sterkt av nafta, og

av urin om potta til naboen ikkje var tømt. Me

fekk drops av den gamle dama, men Kongen

av Danmark var ikkje så populært. Det var

betre å få kamferdrops, tykte me.

Sine siste dagar var ho på pleieheimen på Engen, til ho døydde i 1970, 93 år gamal, og sannsynlegvis mett av dagar.

Onkel

Onkel var ein yngre bror av mor. Han fekk ein barnesjukdom i 2-3 års alderen, og vart alvorleg sjuk med feber. Det var ikkje vaksine for slike sjukdommar på 30-talet,og da han kom seg, var han ikkje som andre.

Han gjekk på vanleg folkeskule heime i bygda, og dei jobba hardt med leksene heime. Ho mor som var eldst, streva med han for å få han til å lese, og det lærde han, men skriving og rekning vart det mindre av. Enkelte ting hugsa han ualminneleg godt, som fødselsdagar, og kom alltid og gratulerte folk i bygda når dei hadde dag. Han leste Det Beste (Den norske utgåva av Reader Digest, med små kortfatta samandrag av artiklar), og i bygda var han med ungdommane på det som var føre, gjekk på bygdekino og reiste på dans, og dei andre ungdommane syrgde alltid for at han kom heim att med den skyssen som var. Han var ein del av bygda, og bygda passa på han, som den passa på alle som var annleis.

Han var ikkje flink til å arbeide, og skulle han hogge ved eller gjere noko anna praktisk, måtte nokon vera med og arbeide saman med han, om det skulle vera noko som var gjort, eller så måtte ein fortelje arbeidsoppgåve for arbeidsoppgåve.

Då bestemor og bestefar flytta, flytta han etter, men verda var annleis, og han fann seg ikkje til rette blant ungdommane på den nye staden. Han reiste på kino, som han var så glad i, men kom heim att, og ville ikkje dit att. Antakeleg vart han erta, fordi han tok kontakt, prata, men skilde seg ut.

Bestemor og bestefar kjøpte fjernsyn, og så fekk han verda inn i stova i staden. Han fylgde med på det meste. Bestemor gav han plikter, så han måtte vaske opp og hjelpe til med middagen, og gjorde det. Greitt for oss som var på besøk og slapp å ta i eit tak, som me elles var van med.

Men bestemor og bestefar vart eldre, og dei tok den tunge avgjerda at onkel måtte på institusjon. Han flytta til Åsane, til Vestlandsheimen, den store sentrale institusjonen for psykisk funksjonshemma på Vestlandet. Her budde det på det meste 400.

Her viste det seg at onkel hadde uoppdaga ressursar, og han lærde å ta bussen til Bergen , og fekk etterkvart arbeid på posthuset i byen, og skulle sjå etter at postsekkane var skikkeleg tømde. Det var eit arbeid han klarte godt, nøyaktig som han var. Han reiste frå Åsane til Bergen på jobb, og etterkvart fekk han seg eiga leilegheit i eit burettslag utanfor den

146

store sentralheimen. Han hadde støttekontakt,
men klarte mykje av kvardagen sjølv.

 Han fekk seg kjærast, og ein dag sat han i stova
hjå foreldra med si utkåra, som han hadde møtt
på Vestlandsheimen. Han hadde forlova seg, og
som alle søskena sine tok han med ho han
hadde utkåra heim. Bestemor og bestefar vart
nok rysta, og det skaka litt i samanføyingane i
familien elles og, men det gjekk seg til, og dei
var rekna med, og kom på familiesamkomene
i mange år. Slekta henta dei og køyrde dei
attende til bustaden deira, og onkel lyste opp
med smilet og latteren sin, og var levande
interessert i korleis det gjekk med slekta. Dei to
levde saman i mange år, til glede og hjelp for
kvarandre.
Eg synest det er greitt å huske det som var før,
samhørigheit og solidariteten i eit lite
samfunn, og korleis nye metodar kunne lokke
fram evner og anlegg som var gøymt.

Bestefar (farfar)
Denne delen av historia om bestefar som no
kjem, har eg lese i bøkene til Kari og Erling,
eller høyrt frå mor.
 Bestefar ville i dag vorte kalla ein grunder.
Då han budde på Eikång, starta han
trikotasjefabrikk, og hadde 3-4 kvinner i
arbeid. Huset han bygde for dette arbeidet

brann ned. Han lika ikkje så godt å vera
bonde, og i 1928 flytta han med kone og 6
ungar frå Eikång til svigermor på
Knippevehaugen på Hagset. Den tidlegare
svigerfaren hans hadde teke garden
tilbake, og bestefar måtte flytte med nykona
og 6 ungar.
 Han hadde kjøpt tomt til hus på Hjelmås, på
Lynghaug, og plass til å setje opp sag i Grovæ,
også på Hjelmås. Materialar til det første huset
saga han på eiga sag, og fekk hjelp til å setja
det opp. Først lånte han sag hjå Brakvatne,
seinare sette han opp si eiga. Han saga for
andre, og fekk også sett opp høvleri i andre
etasje, og kai og slipp for båtar.
Det første huset, som seinare vart løe
og uthus, fekk han bygd opp like etter han
flytta, og her budde familien på no 8 i 5-6 år.
Det andre, eigentlege huset med skifertak og
ark, sette han saman med andre opp i 1936.
Her flytte så familien, som då var auka til 10,
inn. Bestemor, mor til kona, flytte også inn.
Fleire skogsteigar kjøpte han innetter fjorden,
fekk saga ned, fløytte det ut til saga si, og saga
materialar, både til huset, og ikkje minst til sal.
Mange bønder kom og med materialar, og
fekk dei saga på saga «hass Pitter».
 Ullvarefabrikken i Hillesvåg hadde open
vassrenne frå Haukåsvatnet til fabrikken, og
dei trengte ei ny vassrenne. Bestefar saman
med sønene konstruerte og sette opp eit

røyrsystem av tre som gav stødig
vasstilførsel, utan at røyrleidninga lak vatn.
Han saga sjølv trestavar på saga, og laga hakk
eller plog i enden for å halde stavane saman,
og brukte stålband rundt med 60 cm mellom-
rom for å halde røyrleidningen saman. Truleg
brukte han all kunnskap han hadde lært seg
både på saga, på høvleriet og gjennom
båtbygginga for å få leidninga til. Det var
mange som arbeidde med å setja sama sjølve
røyrsystemet, men bestefar var primus motor
både i planlegging og gjennomføringa.
Leidninga vart seinare i bruk i mange år.
 Han hadde heile tida fleire folk i arbeid, også
sine eigne søner. Dei arbeidde trufast for far
sin, fekk kost og losji og det dei trengde, men
ikkje løn, og etter kvart gjekk den eine etter
den andre ut i løna arbeid hjå andre.
 Både han og fleire av sønene hans reparerte
og ordna båtar, og han hadde båtar både til å
frakte større og mindre trelast og buttar med
tre til saga si. I tida før og under krigen leverte
han materialar med eigen båt til ein oppkjøpar
i Bergen. Under krigen bygde han eit hus til på
tomten i «Grovæ». Der hadde han tenkt å
byrja med kafé. Huset vart mellom anna brukt
til kurs for å ta kystskippareksamen i 1945, og
seinare riven og sett opp på Leiknes.
Han leigde ut båtar etter krigen, og hadde ein
del uheldige investeringar. Ungane flytte ut,
og bestefar flytta så verksemda si til

«Lynghaug», til heimetomta, som eg fortalde om tidlegare. Her bygde han fleire hus. Det hust han etter kvart bygde over saga, gjorde han mesteparten sjølv, både vindaugskarmar og dører, sette inn vindauge og laga mykje av innreiinga.

Far reiste ofte på søndagstur med oss ungane. 2-3 ungar inn i Opelen, Vi vinka til mor som hadde sundagsmiddag og husstell , og så køyrde vi avgarde. Over nybrua over Leiknesvågen som kom i 1949, opp Sudmannsbrekka, gjennom Hillesvåg, som nesten ikkje hadde nokon hus, opp og ned Apalen, som også var nesten tomt for hus, gjennom Grovæ og opp til bestefar på Hjelmås. Han budde då saman med yngste son sin, og då han reiste ut, var bestefar åleine i eit hus som til tider hadde vore så overfylt at det ikkje var senger til alle ungane og andre familiemedlemmar.

  Sundag var heilagdag, så då arbeidde ein ikkje. Ofte kom det besøk, og så diskuterte dei små og store problem, om dei sørom fjorden som hadde alle godane, om vegar og Gerhardsen som styrte og ikkje slapp andre til. Bestefar vart ivrig, og gjekk til omnen og spytta så det freste, og tok seg ei ny skrå. Han likte å diskutere, og var ofte ueinig med sønene sine. Vi ungane høyrde på, eller tok oss ein tur ut i hagen, på utedoen eller fann oss andre ungar i nabolaget å leike med. Han

hadde ofte drops. Kongen av Danmark var ikkje ein innertiar, men kamferdrops gjekk an. Han låg ikkje på latsida på sine gamle dagar, men sette opp eit toetasjeshus med fire leilegheiter, som på folkemunne vart heitande Pittersburg. Han leigde ut til sjømannsfruer, mest frå Bergen. Så gjorde han i stand til industri i kjellaren på huset, og der var det bakeri og kafé der ei stund. Bakaren selde til butikkar, og hadde brødruter omkring på bygdene. Kafeen vart eit lite samlingspunkt, og hadde jukeboks. Det var spanande og eksotisk, og me ungane måtte og prøve han når me var innom og kjøpte skillingsbollar. *Blue Hawaii* og melodiar av søstrene Bjørklund var nokre av songane som me høyrde ofte. Men det var dyrt, så meir enn ei plate kvar gong hadde me ikkje råd til.
Bestefar bygde sag nede ved vegen, og etterkvart sette han opp enno eit utleigehus oppå saga. Der var det kafé og leilegheit. Det verka som han heile tida måtte ha noko å gjera, og arbeide vidare.
Vi sykla også for å besøkje bestefar. Han arbeidde på saga si, vi helste på han, prata litt, leika med ungar i nabolaget, fekk kan kanhende litt mat, og reiste heim att.
 Ein dag eg hadde ein slik tur, kjem naboen og seier - No bryt det laust att! Engelskmannen har sendt krigsskip til Suezkanalen. Dei vaksne prata, og eg lista meg vekk,

og gøymde meg på utedoen. Det var elleve år
sidan verdskrigen slutta, og eg hadde heile
mitt liv høyrt om kor vondt og vanskeleg den
tida var. Eg tørka tårer og bad til Gud at me
måtte sleppe krig. Så ropte eg farvel til
bestefar og reiste tagal heim.

Bestefar var husleg, og flink til å laga mat.
Han var og flink med blomar, og viste stolt
fram den store kaktusen som kvart år blømde
med mange og nydelege blomar. Han let den
stå kaldt med lite vatn, og så gjødsla han og
vatna den når det var tid for å setja knoppar.
Eg var svært kry over å ha ein bestefar som
kunne stelle blomar! Det var ikkje mange
andre karar som kunne.

På sine eldre dagar dreia han bollar,
lysestakar og andre pynteting i tre. Han laga
vogger og kubbestolar. Vakre ting, og ofte
fekk me som kom på besøk velgje oss ein
liten ting. Eg fekk både bollar og lysestakar,
og ein av dei har eg enno.

Bestefar var nok litt deprimert på sine eldre
dagar. Han merka vel at kreftene minka. Han
kunne ringe til mor og fortelje at no var det
ikkje lenge att av livet. Vi ungane besøkte han,
og då låg han ofte på den gamle divanen i
stova, kjende seg sjuk og såg negativt på ting.
Me måtte finne oss kjeks, kaker og saft sjølv,
eller koke på kjelen. Men når kjelen hadde
kokt opp, og kakene kom på bordet, livna han
til, prata og tulla litt, så då me skulle gå heim

152

att, fylgde han oss på trappa og såg oss vel på
heimveg.

Bestefar framfor julekaktusen.
Eg trur han hadde laga kubbestolen sjølv.
(Foto: Kari Hagesæter Eidsheim)

Ein ålefiskar på Flossvikjæ
Las på nettet i dag at Ole Magnus Leiknes
skulle hjelpe til med å forske på ål i
Osterfjorden.

Då kom eg til å huske på far hans, han Martin, som og var ålefiskar. Han budde på Flossvika, og dei første åra vi budde der, selde han og ho Aslaug bringebær og egg, og vi var kundar. Eg trur dei selde på torget også.

Martin var yrkesfiskar, og vi fekk og kjøpte fisk der. Men ikkje ål. Den var skummel og eksotisk, og nok rekna for andre ganar enn våre. Fiskaren drog ut tidleg på morgonen, var vekke av og til om natta, og fiska vel i heile Osterfjorden og kringliggjande fjordar. Snekka hans låg i vika nedanfor småbruket på Flossvika, og vi såg dei vel helst når vi var og bada attmed nausta, og dei var der og gjorde opp garn eller eigna.

Martin selde ål til byen. stundom leverte han vel på mottaket sjølv, eller sende ål med rutebåten, men og eg hugsar far henta trekassar med Opel Blitz på Tangen like før han skulle til byen, og tok dei med. Trekassane hadde hol, og eg hugsar eg såg halane til ålen bukte seg ut gjennom hola og inn att da kassane vart lesst ombord på lasteplanet. Dei minna om ormar, ein skapnad <u>eg</u> ikkje hadde noko til overs for. Turen til byen var som eg har nemnt før ikkje den raske 30 minuttars ferda vi har no, men den gamle omstendelege, om Kleivdal og Seim til Isdalstø, venting på ferje til Steinstø, gjennom Åsane og Hellesneset, før vi kunne lessa av kassane på mottaket i Sandviken. Likevel tok

154

vel denne reisa kortare tid enn med rutebåten, og var enklare.

Som regel fekk me ungane beskjed om å halde oss i bilen, For ærendet gjekk fortare då. Men ein gong fekk eg vere med inn på anlegget , og såg dei tømde den krelande massen av ål opp i tankar, der dei sumde omkring, i ein slags fridom. Eg hugsar at eg syntest det var bra, og reflekterte vel ikkje noko om at dette var endestasjonen deira, og at dei kort tid seinare ville ende opp på middagsbordet, anten kokt eller røykt, for dei som hadde sans for slikt.

Dei i Myrane

Mellom Leiknesgardane og Øvstegarden låg Midtgård, eller Miggarden, som me sa, 3 små bruk med nokre kyr, sau , gris, høner og hest på kvar gard.

Myrane var ein av desse gardane, og der budde 3 ugifte sysken, som saman stelte den delvis flate, men likevel forholdsvis tungdrivne garden. På folkemunne vart dei ofte omtala som: - Dei i Myrane.

Myrane eigde Lona, myrområdet der den vesle bekken rann stilt, der det var oter og selsnepe, og ei lita steinbru over bekken. Dei hadde Myraåsen der du fann kusymre, den vesle gule blomen som på Vestlandet var eit umiskjenneleg vårteikn, og der du kunne sjå vidt utover Dalebygda, Hillesvåg, Hjelmås og

Fyllingsnes, og litt av Osterfjorden. Dessutan
var Myramarka deira, med hestevegen mellom
Hillesvåg og Dalebygden, og skuleveg for
mange av oss.
Fjøset deira var for det meste mura av stein,
og ofte dreiv dei fjøset når me kom forbi og
skulle på skulen. Dei var barnevennlege, og
gav seg tid til å snakke med oss når dei tømde
opp mjølk eller skulle hente mat til dyra. Vi
ungane lika å snakka med dei, for dei var
snille, og viste omsorg. Når vatnet steig over
Lona, kom dei ned for å hjelpe skuleungane
over, for straumen kunne vera stri for små
ungar.
Dei hadde bærhage og frukthage, og på hausten
fekk me smake både bær og nedfallsfrukt, sjølv
om dei hadde mykje naturalhushald, og safta og
sylta det meste frå hagen.
Dei var flittige og flinke bønder, og eg trur dei
som oftast hadde mjølk i første klasse. Konrad
var med i mjølkekøyrarlaget for sitt område, og
køyrde mjølk med hest og kjerre dei to kilo-
metrane til meieriet på kaia, når det var hans tur
til å køyre. Elles sette dei mjølkespanna i eit lite
mjølkehus attmed vegen, og dei som hadde
køyringa den veka, tok spanna med.
Vi ungane selde lodd, og då vart me bedne
inn på kjøkkenet, med vedkomfyr og gamal
elektrisk komfyr. Det var eit kjøkenbord
framfor det lave smårutete glaset, med nokre
stolar, og av og til sat me der og venta medan

dei fann fram pengar, og skreiv namna sine i loddbøkene. Det var Konrad, den eldste, og systrene Oline og Klara Midtgård.

Skulelæraren min i storskulen var også frå garden, og han åt alltid middag saman med syskena sine, før han gjekk heim gjennom Myramarka til huset sitt i Hedlesvågen.

Når me gjekk julebukk, var me innom alle. Eg veit ikkje kor stor pris dei eigentleg sette på skikken, men me vart tekne imot, og som skikken var, fekk me noko. Første gongen var det litt kokesjokolade innpakka i smørpapir.

Det syntest me var rart. Seinare om åra var det julekaker, eple og appelsinar til dei som kom.

Dei tilhøyrde indremisjonen, og gjekk i øvre bedehuset som låg på nabogarden. Dei var sterkt prega av pietistisk tenkjemåte, leste Bibelen, hadde husandakt og gjekk på møter og på gudsteneste når det var det. Dei hadde ofte omreisande predikantar på besøk, og det er fortalt at desse åt ikkje saman med sjølvefolket, men fekk maten servert medan dei sat for seg sjølv i bestestova. Konrad var formann i indremisjonen i periodar, og styrte med fast hand. Han hadde ofte eit innleiingsord på møta, eller han kunne ha eit vitnemål om ei dagshending eller eit bibelord.

Klara hadde gått på sykurs saman med mor, men ho fortsette å bu heime etterpå. Både ho og systera var flittige på kvinneforeiningar, og det var ikkje lite dei bidrog med til basarane gjennom tidene.

Dei nytte stor respekt i bygda, men samstundes syntest nok dei fleste at dei var gamaldagse, og held sterkt på pietistiske verdiar, og dei held sterkt på for eksempel helgedagsfreden. Det kunne vera eit og anna sneiordet om det. Men som vaksen fekk eg og vite at folk som hadde lite å rutte med, og sleit med å få dagleglivet til å gå rundt, fekk både mat og pengar frå desse tre.

Dei var ein del av barndommen min. Dei gav tryggleik og identitet. Som vaksen set ein pris på desse trauste stille menneska som var del av nærmiljøet.

Myramannen

I dag skal eg skrive om naboen vår, Myramannen, slik eg hugsar han som barn. Det er sikkert mykje å føye til, men dette er slik barnet hugsar han. Han var fødd i Myræ, ein gard i Dalebygda, og sidan han ikkje var odelsgut, tok han lærarskulen i Kristiansand. Det var ei dyr og omfattande utdanning i dei dagar. Som nyutdanna lærar hadde han mor mi, så han var utgamal i mine auge.

I fyrstninga budde han på heimegarden saman med syskena sine, og hadde eit rom der, men bygde seg så hus i Naustdalen, og då me flytta til Flossvik i 1954, vart han næraste naboen vår. Som dei fleste, leigde han ut øvste etasje, og budde sjølv nede i huset sitt. Han gjekk gjennom utmarka til skulen kvar dag, og åt middag hjå syskena sine på heimegarden, men heldt brødmaten sjølv.

Rundt huset hadde han planta ein stor frukthage, og då eg var liten, hadde han vakse seg til, så det var rikeleg med både eple, pære og plommer. Ja han hadde til og med morellar og kirsebær!

Vi ungane kom med nett og papirposar, og fekk plukka nedfallsfrukt, og kjøpte frukt for ein symbolsk penge. Ofte tok han oss med gjennom hagen, og fortalde om sortar, og me fekk smake ein bit. Han hadde ein lommekniv som han brukte til det. Han hadde også eit tre med Leikneseple, ein sort som var avla fram lokalt, og den trur eg han var kry av å eige. Epla smakte kjempegodt, dei! Vi lærde om tidlege og seine plommesortar, og smaka på ulike blå plommer. Pærer og plommer var ikkje kvardagskost for alle den tida, så me sette pris på å smaka dei og.

Myramannen var etter det me trur kjærast med ei lærarinne som var der eit år, og me ungane var nysgjerrig på dette, og låg vel på lur av og til for å spionere, men det var lite me oppdaga. Det var nokon som trudde dei hadde sett dei halde hender, men det var det næraste me kom sensasjonen!

159

Han brukte ikkje mykje pengar, så me snakka
vel litt om at han var gnien, men ein dag tok
han til å lærekøyre, og han tok sertifikat.
Så kjøpte han seg ein splitter ny Volvo
Amazon , eit storhende i ei lita bygd på 50-
talet. Volvo var svensk den gongen, og tydde
kvalitet.
Eg hugsar enno den beige fargen, og at han
kom for å fylle bensin på den vesle bensin-
stasjonen vår. Det var heller sjeldan me fekk
sitje på, men bilen var velhalden, ikkje tvil om
det, og høvde vel ikkje til skitne barnebein og
hender. Han køyrde turar med han, også lengre
ferieturar, men brukte han sjeldan til skulen.
Då gjekk han, uansett ver, i mi tid.
Myramannen var interessert i skogreising, og
sette ein del gran på tomta si. Men eg trur han
var meir interessert i å setje dei enn å vyrdsle
dei, så dei vaks litt hulter til bulter, sjølv om
han selde nokre juletre.
Seinare vart han ven med ein annan
ungkarslærar frå nabobygda. Dei var ofte
saman, og tok seg ofte ein kveldstur til
fots. Om sumaren når eg låg med vindauga
oppe, høyrde eg røysta deira når dei gjekk
forbi på vegen utanfor husetog når dei kom
tilbake. Ein del av rutinane i bygda det og.
Han var læraren min i storskulen. Eg kjem
tilbake til Skulen, som me også kalla han.

160

Mobbing

Vi mobba ikkje i mi tid, for me kunne ikkje
engelsk. Men fenomenet var der nok, og i si
milde form heitte det erting. Kva gjorde du
når du erta`? Du terga nokon, Du dreiv ap med
dei for å få dei sint. eller grine. Eldre søsken
hadde mange måtar å terge dei som var yngre
på. Som regel gjekk dei vaksne imellom,
dersom dei syntest det gjekk for vidt. Eg var
vel ikkje heilt fri for å terge og egle, eg som
var eldst i søskenflokken.

Verre var det når ein gjeng som brukte fysisk
eller psykisk vald mot ein einskild.. Det var
nok moro for dei som var i flokken, men slett
ikkje for den som var åleine. Skadeleg då som
no. Nokre var hissige, og dei var lett å terge så
dei miste fatninga. Nokre innesitjingar og
attsitjingar på skulen vart det nok på grunn av
det, helst på gutegjengen.

I første klasse var det nokre jenter som sprang
etter nokre andre på heimvegen. Dei siste vart
redde, og det syntest dei første var moro, så
dei sprang etter på nytt, huja og ropa. Dagen
etter fekk dei ei samtale med klasse-
forstandaren, og så måtte dei sitja att på skulen
etterat vi andre hadde gått heim . Det sveid
nok, og me andre syntest det var fortent. Ein
gjorde ikke slikt! Jentene fekk gå i fred
heimatt etter det.

Men korleis visste læraren vår det? Vi undra
oss. Men på sida av storvegen var det hus, og

folk arbeidde ute. Dei såg, og gav beskjed til
læraren om kva som hadde hendt. Bygda såg
deg, på godt og vondt, og ho oppdrog deg.
Eg var eldst, og fekk handleoppdrag frå eg var
ein neve stor. Det var vel 1-2 km til butikken,
og mykje av vegen var synleg heimanfrå. Ein
dag eg hadde vore og handla, og var på
heimveg, kom det to-tre store gutar syklande.
Dei hadde store svarte syklar, og var vel så
store at dei sat over ramma og ikkje inni når
dei sykla. To hadde syklar, og den tredje sat på
bagasjebrettet. Det var vanleg å ha passasjer
bakpå i dei dagar. Eg gjekk med handlenettet,
og drog vel på brød og middagsmat, som
vanleg.
Dei stoppa, og den eine av dei sa:- Du får
ikkje gå over den streken. Han laga ein strek
med foten over vegen. Eg skaut hjarta opp i
halsen, og trassa og sa: - Det gjer eg, og så
gjekk eg over streken. Hjarta banka, for dei
var store, og fleire.
- Eg skal la det gå for denne gongen, men
denne streken går du ikkje over! sa han, og
laga ei ny strek over vegen litt lenger framme.
Eg tvika litt, mota meg opp og gjekk sakte mot
streken og steig over.
Tårene stod i augo, og eg hiksta.
Kanhende skjøna dei at dei hadde tøygd
strikken, og for.
Men eg for gråtande heim til mor og fortalde
alt.

Dagen etter var eg ute og køyrde bil med far min. Eg sat høgt oppe i forsetet på Opel Blitzen, og såg ned på verda. Der møter me gutlarvane frå i går. Far stansar, sveivar ned sideruta og seier: - Eg høyrer de driv og ertar småungar! Det får de slutta med om de vil sitja på med meg!

Far var på den tid den einaste som hadde bil i Leiknesbygda, og det var populært å sitje på med bilen hans. Gutane kom gjerne opp til oss, og dei hjelpte å losse og laste, fylle bensin og vaske bil, og så fekk dei sitje på bilen på korte og lange turar, etter som det høvde. Orda hans ramma nok hardt. Ingen ville gå glipp av bilturar i dei dagar! Eg kjende at eg triumferte der eg sat og såg ned på plageåndene. Seinare gjekk eg trygt på butikken.

Skuln

Kjært barn har mange navn. "Skuln", Myramannen, eller Andreas Midtgård, som var det eigentlege namnet hans, var læraren min dei 4 siste åra på folkeskulen. Me gjekk i ein liten grendeskule, Øvstegard skule, med eit klasserom og kombinert lærarrom, bibliotek og lager i det andre rommet. Læraren var vel mellom 40 og 50 då eg gjekk der, og hadde utdanninga si frå Kristansand lærarskule i ei tid når norskdom og opplysning var viktige i utdanninga.

Skulen var annankvar dag, også laurdag, og hadde stort sett sin daglege rytme. To og to klassar gjekk saman.

Me byrja med kristendom. Læraren spela orgel, og me song ein song, han las frå ei andaktsbok, og så vart me høyrt i salmevers og attfortalde heimeleksa i bibelsoga og katekisma. Deretter gjekk læraren gjennom ny lekse.

Neste time var det rekning. Vi rekna i boka, men fekk lov å rekne lenger, berre me tok vår tørn og rekna på tavla. Siste del var hovudrekning, der me sat på pultane. Læraren plussa og minussa, ganga og dividerte, og me fylgde tankegangen. Den som fekk rett, fekk gå ut, og fekk såleis litt lengre friminutt enn dei andre.

Eg hugsar ein gong det var krangel i friminuttet, jenter og gutar var ueinige. Læraren kom ut, men han hadde tollekniven med seg, og gjekk bort til ein seljerunn utanfor skuleplassen. Vi samla oss rundt han, og skjøna etterkvart at han skar vippepinne. Vi diskuterte beste emne, lengde på pinnane, og dei mest ivrige samla stein, så då han var ferdig, var me alt i gang å velje lag, og leiken var i gang. Gløymd var usemja. Vi hadde det moro, og friminuttet varde lenge.

Tredje time var lesing og skriving. Me las frå leseboka, og song songane som stod der.
Nordahl Rolfsens lesebok hadde mange stykke frå norsk litteratur og mange dikt og songar.
Me song og ein del i lesetimen. Den andre klassa hadde skriving, og så bytte me på.
I landkunna var me på det store kartet og fann det me lærte om, me teikna kart og svara på oppgåver.
Historie var mykje konsentrert om Noreg, og me lærde mykje om vår ærefulle vikingtid, og om tida frå 1814. Me song om" merket som stod om mannen han stuper", og forstod så vel at det var eit ideal også for oss i vår tid. Sak var viktigare enn person!
Vår og haust tok han oss ut i naturfag. Vi fann blomar, han sa namn og familie, og då me kom innatt i klasserommet tok han opp ein og ein blom, og let oss fortelje namnet. Han fortalde om kjenneteikn på ulike familiar, og korleis dei formerte seg. Vi kunne mykje botanikk.
"Skulen" var interessert i blomar, og lærde oss å presse blomar til herbarium. vi pressa med rot , stengel blad og blome, og fann namn, familie og latinsk namn, som vart sirleg skrive på arket etterat vi hadde limt inn planten.
Målet var å få mest plantar, og ikkje berre dei 20 som var minimum.

På forsommaren gjekk vi til Piparvatnet og bada, og nokon av oss lærde å symje på den måten.

Siste året skulle vi ha engelsk. Det var nok ikkje så lett for ein som hadde teke latinartium etter lærarskulen, men me fekk lærebøker, og så prøvde han å lære oss uttale med å bruke sveivegrammafon og Linguaphoneplater. Vi var dårleg førebudd i det faget til realskulen! Derimot kunne me grammatikk! Dei to siste åra hadde vi ein time for veka, der vi lærde ordklassar og analyserte setningar, "Skulen" teikna tre på tavla, med ulike setningar, og kommode med ordklassar. Vi fekk setningar til å analysere sjølv, og skrive ordklassar. Dei vart teke inn og retta, og etterpå fekk me poeng. Vi hadde stor hjelp av dette då vi seinare lærte tysk og latin.

Han las til oss i siste timen, frå mange av klassikarane frå Samlaget. *Frostmoborna*, *Vesle lord Fontleroy*, *Heidi* og *Den løyndomsfulle hagen* var nokre av bøkene han las for oss. Interessante historier med godt språk, som seinare inspirerte oss til å lese og skrive sjølv.

"Skulen" var flink til lære frå seg norsk og rekning, og folk frå skulen hans var ofte dei flinkaste i kommunen. Han var ikkje så flink med dei som hadde dysleksi og lærevanskar, men dei flinke anspora han til innsats, og dei kom langt.

Pedagogikken var på den tida prega av pugg, og kunne du pugge og hugse, kom du langt. Eg har hatt god nytte av å lære utanatt heile livet mitt, og trur at pendelen no har svinga for mykje til andre leia. Ein må både finne stoff og forstå det, men ei del ting må ein og kunne utanatt og automatisere.

"Skulen" lærde meg mykje grunnleggjande kunnskap. Det er eg takksam for.

Etterord

<u>Språket</u> i boka er stort sett konservativt nynorsk, men eg brukar også litt dialekt. Eg brukar vi og me om einannan, og brukar an- be- -het -elsar der det høver, som dialekta mi er.

Eg har stort sett brukt rette namna på folk eg skriv om, men i nokre høve er dei skrive om.

<u>Universet det stort sett dreiar seg om</u>, er Nordhordlandsbygdene, særleg Leiknes, Hjelmås, litt om Eikanger og køyrevegen til Bergen. Han var vestlandets hovudstad som i den tida var ein storby for strilen.

Eg legg ved nokre kart. Det fasinerer meg at den bygda eg vaks opp i, var veglaus då eg vart fødd. Så kom den vesle brua over Leiknesvågen i 1949, og me var vegfaste med heile Nordhordland, og kunne ta ferje Isdalstø-Steinestø for å koma til Bergen. Men turen var lang. Ferje Knarvik – Steinestø kom i 1956, og tunnel gjennom Mundalsberget først i 1973

Vegfaste vart Nordhordland først med Nordhordlandsbrua i 1994.

Men då eg var barn, var fjorden riksveg i mange år. Du tok dampen til byen, og brukte motorbåt når du skulle til andre sida av fjorden. Like til eg var 18 år, høyrde me til Hamre kommune, som låg på båe sider av Osterfjorden, og hadde kommunesenteret i Valestrandsfossen. Men ein del tenester, som likningskontor, kyrkje og hadde plassering på Hamre, og både lækjar, sjukesøster, heradsstyre og kommuneadministrasjon hadde kontordagar på nordsida av Osterfjorden.

Alt gjekk så mykje seinare i den tida. Korrespondansen var pr. brev, eller telegram om du hadde dårleg tid. Telefonen var open nokre timar for dagen. Du betalte med pengar, og hadde du rekningar eller utbetalingar på postgiro, måtte du i banken, som var open ein kveld for veka på Hjelmås. Bankbussen kom seinare.

Om familien min

Far min bygde hus på ein haug på heimegarden til mor i Lunddalen på Leiknes. Der budde me til eg var ni år, og hadde fått 3 søstrer. Då flytte me me 2-3 kilometer, til Flossvika, der far hadde bygd nytt hus med innlagt bad og klosett. Garasjen og tomta høvde betre til entrepenørarbeidet han dreiv.

Her vart så dei to siste søskena mine fødd.

Far døydde då eg var nesten 12 år, og mor styrde verksemda hans i nokre år, til ho gifte seg på nytt. Eg fekk då ein veslebror til.

Vi vart då knytt til Husdalen, ovafor Bjørsvik.

Kart

Kart over Leiknes og områda rundt

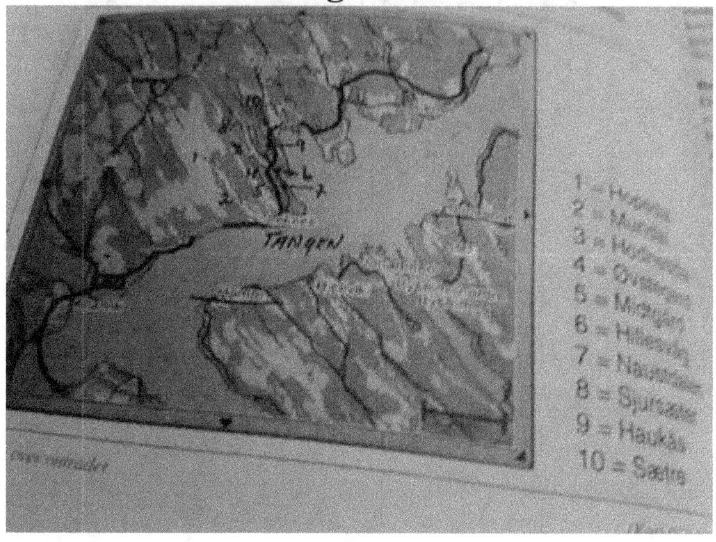

Frå Mimra 2007. Karl Olav Leiknes.

Kart over Osterfjorden og Nordhordland

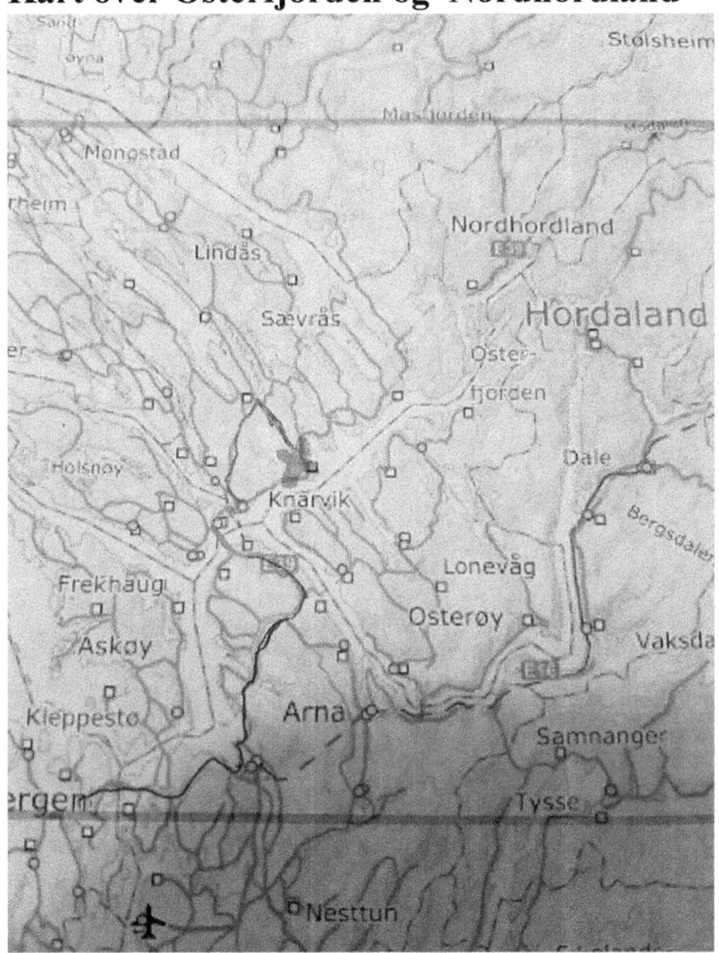

Her var barndommen sitt univers.

Gamalt kart over Leiknes, Hjelmås og omegn.

Legg merke til at det ikkje er vegar. Ein brukte fjorden og gangstigar.

Kjelder:
« Slekta etter Petter Martin Hagesæter» av
Kari Hagesæter Eidsheim 2010,
« Alle desse Bødnæ» av Erling Hagesæter
2011
Oppslagsverk og leksika
Historiekunnskap
Samtalar med mor, slekt og vener